El monarca de La Bisbal

El monarca de La Bisbal

Albert Solà

B

Papel certificado por el Forest Stewardship Council®

MIXTO
Papel procedente de fuentes responsables
FSC® C117695

Primera edición: abril de 2019

Travessera de Gràcia, 47-49. 08021 Barcelona

Printed in Spain – Impreso en España

ISBN: 978-84-666-6574-2
Depósito legal: B-2.303-2019

Compuesto en Infillibres, S. L.

Impreso en Black Print CPI Ibérica
Sant Andreu de la Barca (Barcelona)

BS 6 5 7 4 2

Penguin Random House Grupo Editorial

A mis padres adoptivos
A mis hijas
A la familia Córdova Nieto
A Manel Martínez y a la Joani
A Josep Solano
A la señora Sofía

1

NACIMIENTO

Creo que mi padre es Juan Carlos I. Y no solo lo creo por mi parecido físico con él, algo obvio, sino porque esta es la conclusión a la que he llegado tras años de investigaciones y preguntas sobre mi identidad. El presente libro intenta explicar este recorrido. Y no pretende ser una crítica a Juan Carlos o a la monarquía española. Juan Carlos, como todos los padres, tiene sus claroscuros. Tampoco pretende ser una crítica al rey Felipe VI. Somos hermanos por parte de padre, pero nos han educado de forma distinta. Y aunque yo soy el hermano mayor, nunca he tenido ni tendré pretensiones de ocupar ningún puesto en la monarquía española. No fui educado para ello, y además renuncié a cualquier aspiración a la

Corona, como se verá más adelante. Fui criado como payés por mis padres adoptivos y, con el tiempo, creo que me he ganado el título con el que los ampurdaneses me conocen: «el monarca de La Bisbal».

Es posible que mi madre biológica se llame Ana María Bach Ramon (aunque este nombre podría ser falso). Al parecer, pertenecería a una de las familias más acomodadas de Barcelona: banqueros, burgueses, algunos incluso con título nobiliario, aunque no los conozco en persona. Seguramente, y esto son suposiciones mías, mi madre conoció a Juan Carlos de Borbón en alguna fiesta o evento de la alta sociedad barcelonesa. Eran jóvenes: Juan Carlos apenas tenía diecisiete años, y mi madre debía de rondar la misma edad. Congeniaron, y mi madre se quedó embarazada. Para evitar un escándalo social y un problema de Estado en pleno franquismo, la familia escondió a mi madre embarazada hasta que dio a luz. El parto se hizo en secreto y la familia se ocupó de que el asunto no trascendiera. Juan Carlos, quien por entonces era un príncipe, habría anunciado a sus amigos que pronto se convertiría en padre, algo que le hacía especial ilusión. Esto lo descubrí en la década de 1990, cuando investigué a fondo mis orígenes.

Nací el 16 de agosto de 1956 en una mansión de Pedralbes, uno de los barrios más ricos de Barcelona.

Fui registrado en la Casa Provincial de Maternidad de Travessera de les Corts el 31 de agosto y bautizado el 8 de septiembre en la parroquia de Santa Tecla, con el nombre de Alberto Fernando Augusto y los apellidos Bach Ramon. Curiosamente, el cura que me confirmó en Santa Tecla en 1962 se llamaba padre Bach, y fui inscrito en el Registro Civil el día de San Ramón, 31 de agosto. Así pues, mi apellido podría ser una invención del momento, ¿o tal vez una mera coincidencia? A pesar de que siempre me han dicho que los Bach Ramon son una familia influyente en Cataluña, nunca he sabido nada de ellos. No hay rastro de estos apellidos en la prensa de la época, ni en internet, ni siquiera en los registros de Barcelona.

En el certificado de nacimiento está escrito que nací en la avenida de la Victoria n.º 1, que hoy lleva el nombre de avenida de Pedralbes. Esta dirección corresponde al actual Palacio Real y a los llamados Pabellones Güell. Construida a finales del siglo XIX, la residencia de los Güell cubría un enorme terreno en la parte alta de Barcelona. La mansión principal fue cedida a Alfonso XIII a mediados de la década de 1920, y durante el franquismo se convirtió en la residencia oficial de Franco cuando visitaba Barcelona. Sin embargo, una parte de la finca, los llamados Pabellones Güell (donde había la casa del portero y las caballerizas), fue cedida en 1958, junto al terreno colindante, a la Universidad de Barcelona. Pese a todo, no está claro si en 1956, cuando yo nací, todo aquello pertenecía aún a los Güell, a la familia real o a Franco. Una de las puertas del recinto es una impresionante obra de hierro forjado diseñada por el arquitecto Antonio Gaudí. Tiene la forma de un dragón con la boca abierta.

El 31 de agosto, cuando yo contaba con dos semanas de vida, fui registrado en la Casa Provincial de Maternidad de Barcelona como «hijo expósito de padres desconocidos». Según este documento, «vestía fajita, camiseta, camisa y un faldón blanco, babero bordado, jersey azul, sabanita, manta blanca y chupete verde». Para algunos historiadores, el chupete verde ha sido, desde tiempos antiguos, un símbolo secreto de la realeza española. En realidad, el verde sería una palabra en clave, unas siglas que significarían «Viva El Rey De España».

En aquella época, Franco llevaba un tiempo tutelando la educación del príncipe Juan Carlos, que había entrado como cadete en la Academia Militar de Zaragoza. Y no sé si su padre, Juan de Borbón, el heredero de la Corona de España y exiliado en Estoril, tomó cartas en el asunto. Además, mi nacimiento coincidió con la muerte accidental de Alfonso, el hermano de Juan Carlos, cuando los dos jugaban con una pistola. Desconozco hasta qué punto este hecho influyó en que mi nacimiento permaneciera oculto. En cuanto a la familia de mi madre, mi certificado de nacimiento solo menciona a un abogado llamado José, que me registró con el nombre de Alberto Bach Ramon. Aún no sé si esa familia se llama realmente Bach Ramon, y quizá no lo sabré nunca.

Según he averiguado, a mi madre le dijeron que yo había nacido enfermo, lo cual era mentira, y que debían llevarme a un lugar donde recibiría cuidados intensivos. El 28 de noviembre de 1956 fui trasladado a Ibiza, al distrito de San Juan, concretamente a la barriada de can Toni Miquel. Allí estuve al cuidado de una familia, sin embargo, no tengo ningún recuerdo de los cinco años que permanecí con ellos. Lo que sé está basado en documentos y en personas que me han ido desvelando los retazos de mi infancia. En la década de 1990 fui a Ibiza y conocí al hijo de esta familia, con quien pasé unos días muy agradables. Me dijo que sus padres habían muerto y que la casa era la misma donde yo viví a finales de los años cincuenta. El hijo, un poco mayor que yo, recordaba haber jugado durante su infancia con un niño llamado Alberto.

En la hoja de lactancia consta que, durante mi estancia en Ibiza, mis cuidadores cobraban novecientas pesetas al trimestre de un organismo oficial. De modo que no me adoptaron, sino que me tenían a su cuidado a cambio de un estipendio. Según la documentación que he podido recopilar de aquella época, la Casa Provincial de Maternidad de Barcelona confió mi cuidado a esta familia, acogiéndose a la Ley de Protección a la Infancia. Las autoridades de la isla me hacían visitas periódicas y certificaban que estaba bien cuidado y que era un niño sano. Allí permanecí hasta 1961, cuando me devolvieron a Barcelona con cinco años.

A partir de ahí empiezo a tener algún recuerdo, no ya del viaje de vuelta, pero sí de al poco tiempo de volver a estar en Barcelona. Vivía en una casa de color rojizo de dos plantas rodeada por un jardín con tres sauces llorones. Podría ser cualquier mansión de los barrios de Pedralbes, la Bonanova o San Gervasio. Un matrimonio de entre cuarenta y cincuenta años me cuidaba a todas horas. No sé sus nombres, pero fueron las primeras personas con quienes recuerdo haber tenido contacto en mi vida, una relación agradable y afectuosa que duró los dos años que viví bajo su tutela. Con ellos desayunaba, en la cocina, leche con Cola Cao y galletas; comía en el comedor próximo a la cocina; y dibujaba en la sala de estar después de comer. Un camino rodeaba la casa y yo daba vueltas en bici; primero con ruedecitas, hasta que aprendí a circular con dos ruedas. También jugaba a la pelota, mientras el hombre podaba las plantas del jardín.

El portón de entrada de la casa se cerraba por las noches con dos hierros por dentro. Estaban demasiado altos para mi corta estatura. En las paredes de las estancias había libros y cuadros; los sillones eran duros. Yo dormía en una habitación de la primera planta a la que se accedía por una escalera que hacía una curva. Allí tenía muñequitos de plástico y juguetes de todo tipo; también salía a jugar a la terraza. Por las mañanas venía una maestra que me enseñaba a escribir, a sumar y restar. Todas las clases eran en castellano. La única prohibición que me consta es cuando subí a una silla de la despensa de la cocina para alcanzar y sorber una lata de leche condensada y me pillaron, y a partir de entonces me obligaron a consumirla en pequeñas dosis. Otra persona que recuerdo, aunque no la veía a diario como a las demás, es el médico de cabecera. Venía a menudo porque yo cogía muchos resfriados.

Una mujer nos visitó unas tres o cuatro veces y se mostró muy cariñosa conmigo. Iba muy bien vestida y, como yo era pequeñín, la recuerdo como una mujer altísima. Era rubia, con el pelo cano, y vestía un traje de falda y chaqueta de color beige y amarillo. Me levantaba del suelo, me abrazaba y me daba besos. Seguramente era mi abuela materna, pero cabe la posibilidad de que se tratara de la madre de Juan Carlos de Borbón, María de las Mercedes de Borbón y Orleans, condesa de Barcelona, que en aquel momento vivía en Estoril. Tuvo que separarse de su hijo cuando Franco reclamó la presencia de Juan Carlos para ser educado en España, bajo su tutela, con apenas diez años de edad. Quizá Franco le permitiera visitar a su nieto, no lo sé.

Los muros que rodeaban el jardín me impedían ver el exterior. Creo que no salí de aquella casa en los dos años que pasé allí. No recuerdo una sola calle ni otras personas o lugares de Barcelona. Vivía totalmente aislado del exterior, aunque de algún modo obtuve la confirmación religiosa el 6 de junio de 1962, en la parroquia de Santa Tecla, el mismo lugar donde fui bautizado. El párroco responsable de mi confirmación fue el padre Bach. Yo era un niño que permanecía escondido, porque supongo que todavía no habían resuelto qué iban a hacer conmigo. Probablemente, la decisión fue tomada a tres bandas: la familia de mi madre; la familia real; Franco y su entorno. Unas semanas antes de mi confirmación, Juan Carlos se casó en Atenas con la princesa Sofía de Grecia.

Lo más probable es que Franco interviniese directamente en mi adopción. En esos años el dictador todavía se veía amenazado por los monárquicos partidarios de Juan de Borbón, quien aún no había renunciado a reinar en España. La tensión entre él y Franco se manifestaba sobre todo en la pugna por ejercer una tutela directa sobre Juan Carlos, disputa en la que Franco se había impuesto a don Juan, con la promesa de que estaba formándole para ser su sucesor. Sin embargo, Franco también barajaba a otros candidatos para la sucesión: Carlos Hugo de Borbón-Parma, el heredero para los carlistas, y Alfonso de Borbón y Dampierre, el favorito de los falangistas. Nada estaba todavía decidido en aquel momento. Desconozco si el hecho de que Juan Carlos tuviera un hijo varón, aunque fuera ilegítimo, jugó a su favor, teniendo en cuenta que, en este tipo de carreras sucesorias, tener hijos varones es un factor importante. No en vano, Juan Carlos fue nombrado sucesor por Francisco Franco en 1968, poco después del nacimiento del futuro rey Felipe VI.

A principios de 1964, cuatro hombres vinieron a buscarme y me subieron a un coche. Me llevaron a la Casa Provincial de Maternidad de Barcelona y me presentaron a quienes iban a ser mis padres adoptivos, Salvador Solà y Antonia Jiménez. Por algún oscuro subterfugio burocrático, mi caso es extraordinario porque mantengo oficialmente cuatro apellidos. Efectivamente, me llamo Alberto Bach Ramon y Alberto Solà Jiménez, y a día de hoy sigo teniendo problemas cuando renuevo el DNI, porque prácticamente no existe un caso parecido al mío. La verdad es que tampoco tengo un interés especial en añadir un apellido más a mi nombre, aunque este sea el de Borbón.

Así, de entrada, no recuerdo qué impresión me causaron mis padres adoptivos cuando los conocí; simplemente me dejé llevar. Yo tenía casi ocho años. Cuando mucho más tarde, en 1982, volví a la Casa Provincial de Maternidad de Barcelona para investigar mis orígenes, me vinieron claramente a la memoria las escaleras de entrada donde estuve aquella mañana de enero de 1964 que cambió mi vida. Después de tanto tiempo recluido, fue un *shock* que los acontecimientos se precipitasen de aquel modo y que pasara de estar encerrado a salir fuera de Barcelona con una familia a la que no conocía de nada.

Durante el franquismo, sobre todo en los años de la posguerra, en la Casa Provincial de Maternidad se dieron múltiples procesos irregulares de robo de recién nacidos, y la consiguiente compra de esos niños. Más allá de la truculencia de estos casos, en la Casa

Provincial de Maternidad de Barcelona funcionaba la llamada «noria», una rueda con cunas expuesta a la calle, donde las madres que querían desprenderse de su hijo podían depositarlo sin necesidad de darse a conocer. Muchas investigaciones han sacado a la luz el caso de los niños robados a familias republicanas y a madres solteras. En cuanto a mí, mi paso por la Casa Provincial de Maternidad fue puntual y fugaz. No pasé ni una sola noche en el centro: en aquella casa de huérfanos y niños abandonados, yo fui un niño protegido. Me llevaron allí por primera vez a las dos semanas de vida para inscribirme en el Registro Civil, pero obviamente no recuerdo nada. La segunda vez fue cuando me dieron en adopción, y esa la recuerdo muy bien porque significó un cambio radical en mi vida.

Después de presentarme a mis futuros padres adoptivos, nos hicieron subir al coche y nos llevaron a una estación de tren. Iba con algunos de mis juguetes, recuerdo un balón azul y blanco. Para mí, el viaje fue una auténtica odisea. Partimos en tren de Barcelona con destino a la localidad ampurdanesa de Flaçà y, posteriormente, cogimos el autobús de línea que nos llevó hasta Sant Climent de Peralta, cerca de Palafrugell. A última hora de la tarde llegamos a la masía donde iba a vivir las siguientes dos décadas.

Hoy pienso que tal vez el motivo esencial de los pocos recuerdos que tengo hasta mis siete años y medio de vida es que, en dos ocasiones, rompí completamente el contacto con las personas que me criaron: a los cinco años con la pareja de Ibiza, y a los siete con el matrimonio de la casa rojiza de Barcelona. Muchos de los recuerdos que uno tiene de la infancia vienen dados por la continuidad de los lazos afectivos con la familia, las alusiones al pasado por parte de los padres, la posibilidad de ver fotografías antiguas y también grabaciones. En mi caso, jamás volví a tener noticias de las personas con las que me relacioné hasta los siete años. El chico de Ibiza fue el único, pero no me evocó ningún recuerdo.

2

INFANCIA EN EL CAMPO

Cuando llegué al pueblo, tenía casi ocho años y nunca había visto animales. Pero en la masía me encontré con ovejas, gallinas, siete u ocho vacas, cuatro o cinco cerdos y dos caballos para la labranza. Mi primer recuerdo es la imagen de una oveja recién nacida, cuya madre había muerto en el parto. Mis padres adoptivos la estaban amamantando. Mi madre, Antonia Jiménez, había llegado de pequeña al pueblo con su familia de Toledo y se había criado en La Bisbal. Mi padre, Salvador Solà, era de origen ampurdanés. Ambos eran payeses.

Hoy esas masías del Ampurdán son muy bonitas, pero en aquella época estaban destartaladas y debían cumplir con las funciones de la vida en el campo.

Como en las casas romanas, la nuestra tenía una gran sala rectangular rodeada de habitaciones a ambos lados. En los alrededores de la masía había almendros, higueras, cerezos, caquis, granados, membrillos, castaños y algún níspero. Desde la casa se veían los olivos, el viñedo y el bosque.

Durante los primeros meses tuve insomnio y, cuando no iba a la habitación de mis padres, que ya tenían más de cuarenta años, aquella oveja recién nacida y huérfana me hizo bastante compañía. También me costaba levantarme por las mañanas. Una vez que ya estaba listo, entonces era hiperactivo, pero era duro al principio, porque no había agua corriente y en esa época hacía mucho frío. El carbón, que traían a la masía en un burro, lo metíamos caliente, en un brasero, en la cama para entrar en calor cuando nos acostábamos. En la masía no había estufas y las ventanas, con un vidrio muy delgado y sus postigos, no cerraban bien. Además, desde el amanecer hasta la hora de acostarse, la puerta principal de la masía estaba abierta. El frío se colaba por todos los rincones.

La masía y el terreno eran propiedad de los señores Vilahur. El señor Vilahur era oftalmólogo y había nacido en La Bisbal, pero vivía con su familia en Barcelona. Eran propietarios de esa masía y sus terrenos colindantes. Mis padres vivían en un régimen de arrendamiento casi feudal. Pagaban una renta anual (creo que eran treinta mil pesetas al año), y también transferían a los propietarios una parte de las cosechas. Sin embargo, tras mi adopción, creo que dejaron de pagar la renta y se limitaron a mantener la finca limpia, además de ceder la parte correspondiente de la producción agrícola. Imagino que mi llegada tuvo algo que ver en ello.

Mi padre fue la única persona del pueblo a quien fue revelado mi origen real al gestionar la adopción con Narcís, el banquero. Y lo mantuvo en secreto hasta la tumba; ni siquiera se lo contó a mi madre. Cuando, tres meses antes de morir, le dije a mi madre que mi padre biológico era el rey, ella respondió: «Ahora entiendo por qué nos entregaron al niño en bandeja». Poco antes de mi adopción, mis padres habían intentado adoptar una niña en Gerona, pero no pudieron por razones económicas. Entonces, el señor Narcís (oriundo de La Bisbal y banquero) acordó mi adopción con el beneplácito de los señores Vilahur y mi padre. Todos los trámites se hicieron en Barcelona sin que mis padres tuvieran que bajar a la ciudad, salvo el día en que fueron a recogerme a la Casa Provincial de Maternidad para traerme hasta la masía en tren y luego en el autobús de línea. Debido a las múltiples lagunas y contradicciones que hay en las actas de mi nacimiento, bautismo y adopción, está claro que mi adopción fue bastante irregular, o incluso ilegal.

Durante mis primeros años en la masía, los Vilahur aparecieron de tanto en tanto y, cuando lo hacían, íbamos a pasear por el campo con ellos. Enseguida noté que se preocupaban por mí, aunque yo no sabía por qué. Por aquel entonces la relación entre los propietarios y los payeses era fría y distante. Había otra familia, unos amigos de los Vilahur, que también venían a menudo de visita: los Romaguera. Me dedicaban muchas atenciones y mimos, e incluso la mujer de Vilahur solía darme dinero. Este detalle me hizo sospechar que conmigo sucedía algo extraño, pero ni de niño ni luego de adolescente me planteé que tuviera que ver con mi vida antes de ser adoptado, ni mucho menos con mi nacimiento. Sin embargo, al cabo de unos meses de estar en la masía, mi madre me dijo que me habían traído una bici. Era la bicicleta que tenía en la casa rojiza de Barcelona. En aquel momento, a los ocho años, lo acepté como algo natural, pero luego me he preguntado quién pudo tener la idea de traérmela.

En una ocasión, estuve a punto de provocar un incendio al jugar con un horno de piedra que había construido mi padre cerca de la masía para guardar la paja y la alfalfa en invierno. Le prendí fuego un día que hacía mucha tramontana y empezó a arder la paja y a salir humo del horno. Al final pudieron apagarlo, pero tuvieron que dar explicaciones al señor Vilahur. Yo al principio no dije nada y mi padre pensó que unos *boletaires* que paseaban por la zona habían provocado el fuego. El señor Vilahur estaba indignado. Al final, confesé que había sido yo y mi padre me pegó dos bofetadas, que era lo normal en esa época. Pero el señor Vilahur me perdonó e incluso pagó la reparación del horno, para gran alivio de mi padre.

Por lo demás, mis padres adoptivos me criaron para la vida de payés. Muy pronto, empecé a acompañarlos en las tareas del campo. Enfrente de la masía había un gallinero y los árboles frutales. Más al exterior, los dos campos de olivos y las viñas. Mis padres cuidaban los campos, limpiaban las cuadras y cortaban el maíz para las gallinas. En el gallinero había patos, ocas y gallinas. A una hora determinada las soltábamos y, al anochecer, ellas mismas regresaban al gallinero, porque había gatos salvajes que de noche eran peligrosos. Mi padre y yo sacábamos el agua con una polea de los cinco pozos que había en la finca, puesto que no disponíamos de bombas de agua. En algunas partes del huerto no llegaba el agua y había que cargarla a mano, porque el pozo estaba en el huerto de abajo. Subíamos el agua para el riego y sacábamos las vacas y las yeguas para que bebieran, mientras que a los cerdos les llevábamos el agua adentro, a sus pilas de cemento.

En la casa no había maquinaria para el campo. Tampoco había luz eléctrica, calefacción ni circuito de agua. Funcionábamos solamente con una batería y un motor de gasolina. Vivíamos de los animales y la cosecha, de modo que si un año el clima no era bueno lo pasábamos mal. Mis padres trabajaban los cuatro campos que rodeaban la masía. Mi padre era muy estricto, no porque fuera mala persona, sino porque la vida de payés era muy dura y teníamos poco dinero. Mi madre solía decirme: «La tierra es muy baja»; con ello quería decir que para trabajar en el campo había que estar siempre agachado. Mi abuelo, que era ya muy mayor, vivía con nosotros y tenía su rebaño. Yo lo acompañaba con las ovejas hasta que murió dos años después de mi llegada.

Tras la muerte de mi abuelo, el rebaño de los vecinos cobró importancia. Nosotros les dábamos derecho de paso para que pudieran llevar al ganado a pastar en nuestras tierras y ellos, a cambio, nos ayudaban en la labranza. Al final de la temporada, cuando ya teníamos cortada la alfalfa, dejábamos pasar los rebaños para que limpiaran los campos y los márgenes. Por otro lado, íbamos a los mercados del ganado en carro, el viernes al de La Bisbal y el domingo a Palafrugell. Periódicamente, vendíamos algunos animales (sobre todo cerdos), y con ello obteníamos dinero para hacer las compras.

Como yo era pequeño, mientras mis padres asistían a la compraventa del ganado, les esperaba en las escaleras de la iglesia del pueblo. En un lado de la iglesia había dos escalones largos donde se situaba la orquesta para tocar sardanas en la fiesta mayor. Algunas tardes, me sentaba solo en las escaleras y hacía sonidos con unas latas de gasolina mientras les esperaba. Recuerdo mi angustia y la sensación de soledad cuando tardaban más de la cuenta. Supongo que me costaba asimilar la brusquedad del cambio que se había producido en mi vida, el duro golpe que supuso pasar de la ciudad al campo. Seguramente, es la impresión más fuerte que he vivido. Durante mis primeros años en la masía, solía rememorar mi agradable vida en la casa de la parte alta de Barcelona. De hecho, todos los años, cuando llega la primavera aún siento nostalgia, probablemente causada por aquel episodio que marcó mi vida.

Mis padres eran religiosos y pensaban que teníamos que ir a misa regularmente, incluso cuando hacía mal tiempo. Aunque más que por devoción, mi padre decía que había que ir a misa para que nos vieran. Era una obligación social. Según él, si no ibas a misa, luego te criticaban. Poco después de mi llegada a la masía, mis padres quisieron que me hiciera monaguillo y, con ocho años, ya había participado en mi primer entierro. Fuimos a buscar al muerto en una casa con un caballo, una carroza y el ataúd. Para los chicos del mundo rural de la época, esto era algo normal, pero yo era la primera vez que veía a un difunto y me quedé impresionado. Hubo más funerales, en los que los chavales del pueblo bajamos al difunto a la iglesia, y luego al cementerio.

La rutina de la vida en el campo se detenía periódicamente con las fiestas religiosas. Cada año, el cura y los monaguillos hacíamos una romería con una cruz (el llamado Sal Pas), y tirábamos sal en las casas con una plegaria para conjurar a los demonios. Íbamos con cestas y recibíamos como ofrenda huevos, cebollas y patatas. Durante la Semana Santa, ayudábamos al cura a organizar el interior de la iglesia. Desde el Jueves Santo hasta el Domingo de Resurrección, los monaguillos nos pasábamos el día en la iglesia, pendientes de las flores y los cirios. Si uno se apagaba, había que encenderlo con una caña que tenía una vela en la punta. Tras la ceremonia apagábamos los cirios con un capuchón y tapábamos a los santos y al Cristo con una tela morada, símbolo del luto por la muerte de Jesús. A mí todo eso me gustaba, lo sentíamos como una fiesta que nos sacaba de la monotonía de la vida y el trabajo en el campo.

Todos los años, la Guardia Civil pasaba por las casas de los pueblos de la comarca. Normalmente hacían acto de presencia en otoño, tirando a invierno, con sus capas y sus tricornios. Llamaban a las puertas para hacer una revisión. Nosotros les ofrecíamos un café con leche y estaban un rato al lado del fuego porque hacía frío. Al final, formulaban algunas preguntas, firmaban conforme habían pasado revista y se iban, si todo estaba bien. Por otro lado, la Policía Nacional venía al pueblo de vez en cuando y reunía a toda la gente que tenía que renovar o sacarse por primera vez el carné de identidad. Peralta y Sant Climent son dos poblaciones separadas por apenas un kilómetro; por eso la localidad se llama Sant Climent de Peralta. Administrativamente, pertenecía al municipio de Peratallada, que hoy es Forallac. En una de esas reuniones anuales orquestadas por la Policía Nacional en Peratallada me saqué mi primer DNI con el nombre de Albert Solà Jiménez.

Hasta el mes de marzo de 1964, cuando fui adoptado oficialmente con el nombre de Albert Solà Jiménez, me llamé Albert Bach Ramon. Sin embargo, por razones extraordinarias (puesto que no conozco ningún caso igual), me permitieron conservar mis apellidos Bach Ramon, que constaban en el Registro Civil de mi nacimiento. No sé los motivos, y, de hecho, es muy extraño porque durante el franquismo las reglas sobre la necesidad de estar inscrito con un solo nombre eran muy estrictas. La causa que he imaginado al cabo de los años es que las autoridades franquistas, la Casa Real y la familia materna no querían perder la opción de poder recuperar mis orígenes reales, en caso de que fuera necesario.

La Policía también hacía acto de presencia en ocasiones especiales, sobre todo cuando venía el entonces príncipe Juan Carlos a visitar al escritor Josep Pla en su masía de Llofriu, una localidad muy cercana a donde vivíamos. Se sabe que su primera visita a la masía de Pla fue en marzo de 1969, poco después de jurar ante las Cortes franquistas como sucesor de Franco. Esta fue una de las primeras visitas oficiales de Juan Carlos a Cataluña. En la década de 1970 hubo otros encuentros: una reunión entre Pla, Juan Carlos y el cardenal arzobispo Narcís Jubany en 1975, y un homenaje a Pla que se celebró en Palafrugell en 1979. La mezcla de humanismo conservador y humor socarrón del escritor ampurdanés atrajeron desde joven al futuro rey. Por su larga experiencia periodística como corresponsal en varios países de Europa, Pla era uno de los intelectuales españoles de la época más versado en los mecanismos del poder.

Cuando Juan Carlos iba a visitar a Josep Pla, la Policía se personaba en nuestra finca, que estaba a escasos kilómetros de Llofriu. Yo entonces les tenía pánico a los policías; notábamos que se desviaban de la carretera expresamente para venir a nuestra masía. Iban, volvían, me tendían la mano, hablaban distendidamente con mi padre; incluso a veces daban un paseo, observaban los campos y luego regresaban a Llofriu. A mí me parecía extraño que la Policía viniera a nuestra casa, pero mis padres nunca me dieron ninguna explicación.

A los nueve años, un día en que iba solo a la escuela, un coche grande y largo (azul y blanco) paró en la carretera cerca de mí, y una mujer bajó del coche y me hizo una fotografía. Yo eché a correr. Mis padres me decían que, si ocurría algo así, yo saliera por patas. Este hecho y la presencia ocasional de policías en mi casa me quedaron grabados. En cierto modo, me hicieron sentir distinto a los demás niños del pueblo, si bien todavía no podía sospechar que mi vida había estado supeditada y controlada desde el principio por los altos poderes del Estado.

3

ADOLESCENCIA

Me cansaba trabajar en el campo, así que durante mi adolescencia combiné el colegio y las tareas en el campo con todo tipo de trabajos. Poco después de mi llegada a la masía entré en el colegio de Sant Climent de Peralta. Era un edificio sencillo con una planta baja y una sola sala con casi treinta niños y niñas de distintas edades. En esa época todas las clases se daban en castellano, que era la lengua que yo había hablado hasta los ocho años. Sin embargo, aprendí rápidamente el catalán en el recreo, con los niños de la escuela, y en el campo, con mis padres adoptivos. En el colegio había niños de familias ampurdanesas y también de otras procedentes de Murcia y Andalucía. Jugábamos todos juntos a fútbol, al escondite y al Oeste.

Teniendo en cuenta que había pasado una larga temporada aislado del mundo, creo que me adapté con facilidad. Desde entonces, siempre he sido una persona sociable que se relaciona con todo tipo de gente. Sin embargo, el hecho de ser extrovertido y algo travieso me acarreó algún problema con las maestras y con mis padres, pero con la mayoría de alumnos me llevaba muy bien. En cuanto a los estudios (excepto las asignaturas de historia de España, matemáticas y religión), no disfrutaba demasiado y mis notas eran regulares. Así que solo cursé la primaria obligatoria y luego dejé el colegio.

La primera maestra que tuve se llamaba Dolors. Me trató muy bien, aunque estuvo muy poco tiempo, porque la destinaron a La Bisbal. Luego vino otra que se llamaba Margarita, de Cassà de la Selva. Su marido, que tenía una tienda de ultramarinos, murió al cabo de pocos años y ella pidió una excedencia. Así que vino otra profesora a substituirla. Yo entonces tenía trece años y era un poco gamberro. En una ocasión, estaba con otros chicos en la carretera, sin hacer nada en particular, cuando vimos cómo una mujer atractiva se acercaba al pueblo en una vespino. Empezamos a silbarle, como se hacía entonces en los pueblos, y la mujer se rio. Luego ella detuvo la moto, sin inmutarse, y nos preguntó dónde estaba el colegio. Era Pilar y sería nuestra nueva profesora.

Pilar dejaba la vespino al lado de la escuela. Cuando acababa las clases iba andando a una masía que estaba muy cerca de mi casa, donde pasaba unas horas con los vecinos y se bronceaba. Un día, tras darme cuenta de que no cerraba la vespino, le propuse a un amigo coger la moto y dar una vuelta por las pinedas y los caminos mientras Pilar tomaba el sol. No teníamos carné de conducir. Luego limpiamos la moto con un pañuelo para que no se diera cuenta. Hicimos esta gamberrada algunas veces y, obviamente, la profesora acabó enterándose, aunque no nos riñó demasiado. Al contrario, nos llevó de excursión con el resto de alumnos de la escuela a los pueblos vecinos de Vulpellac y Llofriu, donde estaba la masía de Josep Pla. Fue una buena profesora.

Como ya he dicho, fui un adolescente bastante travieso. Me gustaba ir al cine a La Bisbal, pero me echaron varias veces por cometer todo tipo de trastadas. Tuve un percance con una pistola de petardos que compré por correo y que finalmente vendí a un chico del colegio por doscientas pesetas, cuando la pistola ya se había quedado sin petardos. El chico se quejó y sus padres fueron a la escuela a hablar con la profesora. Dio la casualidad de que justo la Guardia

Civil estaba de patrulla por el pueblo y me exigieron que devolviera el dinero que el chico me había dado y que yo ya me había gastado en varios atracones de bollería industrial. Mis padres acabaron enterándose y tuvieron que devolver el dinero. No es que fuera un inadaptado, pero supongo que estas reacciones mías, desde un punto de vista psicológico, tenían que ver con mi pasado. La Policía me daba miedo y me escondía cuando aparecía por el pueblo. Luego esta fobia se me fue pasando, pero duró unos años.

Por otro lado, me consideraba muy católico, algo habitual en esa época. Escuchaba un programa de radio que se llamaba *El banco de Dios,* al que, en un par de ocasiones, hice donativos. También lavaba los pies del señor Pere Labarrera, quien sufría dolores que le impedían caminar. Cada jueves a las cinco, al salir del colegio, iba a casa de Labarrera y le lavaba los pies con una pastilla de jabón de las que se hacían en casa. También cuidaba los pies de mi abuela porque le dolían los tobillos: le ponía pomada, la gasa y la venda en las heridas. Mi abuela murió cuando yo tenía diecisiete años.

El hecho de que las misas empezaran a realizarse frente al público (y no de espaldas, como se hacía antiguamente) supuso un cambio en mi campo de maniobras: ahora el monaguillo quedaba fuera de la vista del cura, aunque de cara al resto de público, y podía hacer todo tipo de tonterías. Esto me gustaba y aprovechaba para hacerles muecas y bromas a las chicas. Fui monaguillo durante casi diez años, hasta los dieciocho, cuando tuve que preparar el entierro de un amigo que se ahogó en Pals. Aquello me afectó y lo dejé. Actualmente, sigo siendo católico, aunque no practicante.

Aparte de monaguillo, pronto empecé a tener trabajos remunerados. Uno de los primeros fue en la recolecta de frutas en Gualta, donde aprendí a conducir un tractor pequeño. Esa temporada, la novedad en el pueblo fueron los primeros televisores. El primer aparato llegó a la masía de los Monjes, y allí nos reuníamos los chicos de la escuela para ver *Bonanza*. Nosotros, a cambio, ayudábamos en la colecta de frutas. Poco después, en una masía vecina se instaló el primer televisor en color. Los domingos cruzábamos la riera e íbamos allí para ver cualquier programa. Con el trabajo de recolector de fruta, ahorré mis primeras quinientas pesetas, que entregué a mis padres para que cubrieran sus necesidades en la masía. Cuando ya tuve la moto, también iba a can Vilà, donde tenían la revista *Hola*. Yo solía decir en broma que algún día sería famoso y me verían en la revista. Y creo que fue allí donde me dijeron por primera vez que me parecía al príncipe Juan Carlos.

Mi tío también me ofreció un trabajo temporal de cartero. Llevábamos las cartas con las pensiones de la gente de Peralta y Sant Climent. Pagaban en metálico y yo entregaba los sobres y un recibo para que lo firmasen. Muchas familias no sabían firmar y entonces les poníamos un sello. Me pasaba el día de punta a punta del pueblo con mi bici. A los quince años empecé a trabajar de aprendiz de lampista con mi primo y estaba casi siempre fuera. Todos los días iba a casa de mi primo y los dos salíamos en su coche a La Bisbal o a otros pueblos para las reparaciones de electricidad o fontanería. Él también tenía un taller donde fabricaba cargadores de baterías, que luego vendía con un logotipo que incluía el nombre de la familia, Solà.

Con todo, mis padres seguían necesitando mi ayuda en el campo, sobre todo en verano. En invierno se dedicaban más a los trabajos internos de la masía, como cuidar a los animales, y allí mi contribución era menos necesaria. Aprovechaba entonces para buscarme la vida. Seguían teniendo muy poca liquidez. Sin embargo, cuando yo tenía unos trece años e iba en bicicleta a todos lados, me prometieron que si me portaba bien los Reyes me traerían un buen regalo para que pudiera moverme con más facilidad.

Aquel año no hubo regalo y seguramente no me porté demasiado bien. Pero cuando cumplí los dieciséis me preguntaron si quería una moto y fuimos a La Bisbal a escoger una. Para mi sorpresa, me regalaron una moto Guzzi, cosa que me extrañó mucho porque en casa no había dinero para ese tipo de regalos. Evidentemente, la acepté encantado y me pasaba todo el día yendo de un pueblo a otro. Iba a los tres cines y las dos discotecas de La Bisbal. Pese a todo, no dejé de sospechar que había alguien, a quien no conocía, que nos había ayudado económicamente. Y esta persona pensaba más en mí que en mis padres.

Reconozco que me gustaba mucho salir de noche, y aunque todavía no bebía, me dedicaba a hacer el número con la moto. A los dieciocho años me regalaron un seiscientos de segunda mano. Y, aunque solo duró seis meses (por viejo y porque lo forcé demasiado), en esa época no dejaba de ser un lujo en el pueblo. Poco después, mi padre me compró otro coche, un Renault 5. Por mucho que yo entonces obviara de dónde salía el dinero, estaba claro que alguien de mi familia biológica (paterna o materna) quería que llevara una vida más desahogada de la que me correspondía por mi edad y estatus.

En realidad, creo que el dinero para comprarme los vehículos venía de la Casa Real y no de la familia de mi madre, que por aquel entonces pensaba que yo estaba muerto, pues eso le dijeron a mi madre en 1961, al volver yo de Ibiza con cinco años. Puede que incluso simularan un entierro, como más adelante se verá, según los datos que me proporcionaron unos detectives privados. En cualquier caso, mi familia materna biológica siempre ha querido mantenerme absolutamente apartado, y no creo que ellos me pagaran ningún regalo.

Más tarde, supe que Juan Carlos es un gran aficionado al motor y a la velocidad, tanto a las motos como a los coches. Y en esa época, a principios de la década de 1970, su vida tomó relevancia internacional con las visitas a Francia, donde fue recibido por el presidente Pompidou; Estados Unidos, donde estuvo con Nixon; Reino Unido, Irán, Japón, etcétera. También entonces recibió algunos regalos de empresas de automoción europeas y norteamericanas. Pero, quién sabe, quizá sea solo una coincidencia. Porque ¿es posible que mi padre biológico me regalara la moto y los dos coches a través de mi padre adoptivo? Sinceramente, esta es la explicación más convincente que tengo, aunque me falten pruebas para demostrarla.

En todo caso, yo seguía haciendo el loco con el coche y la Policía me multó varias veces por no tener los focos bien o por saltarme algún stop. El alcalde llegó a darme una reprimenda por hacer demasiado ruido y por levantar polvo en el pueblo. También salía mucho de noche. Aunque mi padre adoptivo me lo prohibía, mi madre me dejaba la llave de la puerta en un agujero para que pudiera entrar. Cuando él se retiraba a dormir, entonces yo salía por una puerta trasera y me iba de fiesta. Algunas veces fui descubierto y tuve que dormir fuera, en el pajar. No es que mi padre se portara mal conmigo, pero era muy duro, algo normal en la vida del campo. Un par de veces me enfadé y me fui a una pensión con diecisiete años, pero mi escapada duraba un día. La señora de la pensión, una gallega que nos conocía a todos, me dejaba quedar a regañadientes, y al día siguiente aparecía mi padre y me mandaba para casa.

Desde los diecisiete años tuve una novia. Pero antes las cosas funcionaban de otra forma y no eras pareja hasta que los padres se conocían y daban el visto bueno. Cuando las familias se enteraron formalizamos nuestra relación, pero nunca la consumamos físicamente, pues en aquel entonces, en los pueblos, había que esperar hasta después de casarse por la Iglesia. Ella era de La Bisbal y salimos durante ocho años. Nos gustaba pasear por el pueblo, pero de noche yo me iba con mis amigos a Estartit y a veces a

Playa de Aro. Hacíamos vidas paralelas. En ese momento, el mundo del turismo y de las discotecas estaba en plena efervescencia en la Costa Brava.

A principios de la década de 1970, el turismo europeo llevaba ya una década veraneando en España. Ya no era tanto el espectáculo de los toros y el baile flamenco lo que atraía a los extranjeros, sino el éxito con que las localidades costeras habían comercializado el concepto de *boîte* y de discoteca. Playa de Aro era el centro neurálgico: Tiffany's fue la primera discoteca moderna, inaugurada en 1965, donde empezó a sonar música rockera y a beberse cubatas en vasos de tubo con la bola reflectante colgada del techo, en medio de la pista giratoria. Yo iba al Pachá, al Palladium y al Maddox (con su diseño de pirámide estratosférica) en Playa de Aro, al Villa Primavera en Estartit y al Arlequín de Palafrugell. A veces conducíamos hasta Lloret de Mar, donde la mayoría del turismo era británico, o incluso hasta el Maresme. Incluso fuimos con unos amigos al festival de Canet de Mar, aunque aquel mundillo hippy no era el que yo frecuentaba. A mí me gustaba más la onda discotequera de la Costa Brava.

Algunas veces llegaba a las seis de la mañana, me cambiaba y me iba a trabajar. Entonces todavía no teníamos ducha en la masía, así que me lavaba con el agua en cubos y tinajas. Creo que aguantaba porque no bebía mucho. Aún hoy, cuando salgo de noche, sigo tomando una sola copa, pues mi organismo nunca ha tolerado bien el alcohol. En la discoteca no bailaba; prefería sentarme en una mesa o en la barra y hablar con la gente. La temporada de fiesta aguantaba todo lo que duraba el verano, pero antes el verano era mucho más largo: empezaba en Semana Santa y acababa en septiembre. Pasaba mi tiempo libre entre la playa y la discoteca. Y si en las discotecas me movía como pez en el agua, el mar me daba mucho respeto porque no sé nadar. Cuando iba con mis amigos y amigas a la playa, me quedaba allí con la toalla y solo me mojaba un poco. Durante años pasé muchas horas en las playas de la Costa Brava.

En aquellos años se aceleró el fin de la represión sexual de la España franquista, lo cual se tradujo en una excitación colectiva, sobre todo en la relación con las chicas europeas que venían a pasar el verano. Había mujeres alemanas, inglesas, italianas, suecas... Conocí a varias extranjeras. A menudo simpatizaba con sus padres e íbamos a cenar juntos. Eran relaciones esporádicas, que no duraban más allá del verano, pero todo aquello sin duda representó un gran momento de libertad y hedonismo, especialmente para los jóvenes que habíamos crecido en el mundo rural y católico del Ampurdán.

Paralelamente, en esa época, mis padres me contaron algo más sobre mi pasado. Cuando llegué al Ampurdán, había otra familia de La Bisbal, la familia Frigola, que también adoptó un niño que tenía casi cuatro años y que pasó a llamarse Miguel Frigola. Los dos procedíamos de Barcelona, pero él venía del hospicio, y, por tanto, era huérfano. Esta coincidencia cimentó una buena amistad entre las dos familias, y Miguel venía mucho a nuestra masía y yo también iba a menudo a jugar con él en La Bisbal. Sin embargo, se notaba que él había estado en un hospicio y que había tenido problemas de alimentación. El contraste entre los dos era evidente. Durante la posguerra, los orfanatos estaban llenos y se pasaba hambre. Él supo desde pequeño que venía de un orfanato de Barcelona. A mí, en cambio, me contaron a los quince o dieciséis años que era hijo adoptado. Y me dijeron que yo, a diferencia de Miguel Frigola, venía de una familia rica de Barcelona.

A partir de entonces, me gustaba viajar a Barcelona, donde me alojaba en casa de una prima y aprovechaba para pasear por las calles y también para salir de fiesta con algunos amigos. El hecho de ser de origen barcelonés me enorgullecía. Mi padre adoptivo, aunque conocía mis orígenes, nunca habló de política y tampoco le interesaba ni tenía una opinión formada al respecto. En realidad, en casa no se habló nunca, ni bien ni mal, de Franco ni del rey. Muchos payeses de la provincia simplemente no se metían en esos berenjenales y sus temas de conversación estaban siempre relacionados con la vida en el campo, algo que contrastaba con lo que uno se encontraba en Barcelona durante aquella época.

A fin de cuentas, crecí en el mundo apolítico, ácrata y surrealista del mundo rural ampurdanés, y este ambiente me ha convertido en una persona alegre e hiperactiva. Y aunque creo que mi vida se ha visto marcada por la vigilancia distante de varios poderes (tanto políticos como económicos), he tratado de mantenerme fiel a este mundo que me adoptó. En mi opinión, el poder es una fuente inevitable de corrupción, de modo que he intentado estar alejado de él, aunque no siempre lo he conseguido. Los poderes del Estado se han ido cruzando en mi vida de forma inevitable, y yo he procurado no deprimirme más de la cuenta por este vínculo relacionado con mis orígenes genéticos. Sin embargo, aún siento nostalgia cada año cuando llega la primavera. Dura unos días y corresponde a la herida que sentí a los ocho años, cuando dejé la ciudad para trasladarme al campo. Pese a todo, mi infancia y adolescencia en Sant Climent de Peralta fueron fantásticas y no las cambiaría por nada en el mundo.

4

LA MILI

Un día de julio de 1977 me llamaron a filas. Por aquel entonces el servicio militar obligatorio duraba catorce meses. Fui a la casa de reclutas de Gerona y me informaron que mi destino sería el campamento de Alcalá de Henares número 2, cerca de Madrid. Sin embargo, cuando me presenté para incorporarme en Gerona, me dieron el petate y me dijeron que debía acudir al cuartel de intendencia de Barcelona, donde estaría un tiempo indefinido, y que esperase instrucciones. Así pues, no tuve que ir al campamento de Madrid inmediatamente, aunque ya había entrado en filas. Volví a La Bisbal y le dije a mi novia que me iba a Barcelona. También informé a mi padre, que no se inmutó.

Al día siguiente fui en coche a Barcelona. Entré en el cuartel de intendencia, donde iban todos vestidos de militares, y enseñé el papel que me habían dado en Gerona. El oficial lo leyó y me informó que, de momento, dormiría en el cuartel pero que era libre de entrar y salir las veces que quisiera durante el día. Básicamente, tenía que estar listo a primera hora de la mañana cuando tocaban corneta y debía esperar a que pasaran lista. Después podía hacer lo que quisiera hasta la hora de la retreta, cuando se producía el toque de corneta que indicaba el final del día, se leía el orden del día siguiente y se volvía a pasar lista. Normalmente, desayunaba y comía allí, y luego me pasaba el día dando vueltas por Barcelona, sin hacer nada en particular. Por ejemplo, pasé muchas horas en el parque zoológico. Lo único que tuve que hacer aquellas dos largas semanas que permanecí en el cuartel de intendencia fue presentarme en el Hospital Militar para hacer una revisión médica exhaustiva.

Me hicieron unas pruebas muy completas de sangre, orina y excrementos. Tras una primera visita, me citaron de nuevo a la semana siguiente. Entonces me metieron en un cuarto y me hicieron dos electrocardiogramas, uno en reposo y otro mientras hacía esfuerzo físico. Luego me dieron un papel y tuve que presentarme al cabo de dos días. De nuevo, me pidieron que me desnudara, y me miraron todo el cuerpo, sobre todo los pies. Yo no sabía qué sucedía, pero todo aquello me parecía extraño. Me dieron otro documento para que volviera la semana siguiente, cuando me hicieron radiografías por todo el cuerpo. ¿Por qué se interesaban tanto por mi salud? A los otros reclutas les habían hecho una revisión mucho más sencilla en Gerona. Por fin, un médico vestido con bata blanca y seis militares que parecían de alta graduación me recibieron en una sala del cuartel de intendencia. Le llamaban el tribunal médico. Allí me informaron que era apto para el servicio militar y que ya podía incorporarme al campamento de Alcalá de Henares. No me dieron más explicaciones.

Me pusieron en un tren especial llamado El Correo y me fui para Madrid. Llegué al campamento, presenté el papel que me habían dado en Barcelona y me asignaron a una compañía. Allí me cortaron el pelo (que llevaba largo, a la moda de entonces) y me dieron un uniforme. Por fin, me vestí de soldado y conocí a mis compañeros, que ya llevaban casi veinte días de instrucción. Sin embargo, no solo no me castigaron, sino que enseguida me di cuenta de que tenía un trato preferente. Esto me quedó muy claro el primer día que fuimos a la piscina con el teniente, quien tenía fama de tener muy mala leche. A los que no sabían nadar, el teniente los tiraba a la piscina para que perdieran el miedo. Había unos soldados dentro del agua que sacaban a los que no sabían nadar para que no se ahogaran. En un momento dado, el teniente se dirigió a mí y me dijo: «¡Polaco, a la piscina!». Yo respondí que no sabía nadar, temiendo que me tiraran al instante. Pero el teniente hizo una excepción conmigo y me mandó a las duchas.

Lo más extraño era que en la misma compañía estaban los hijos gemelos de un general importante del ejército, y ellos no gozaban de los mismos privilegios que yo, aunque nadie sabía por qué a mí me trataban tan bien. Un día, se presentó la novia del teniente: una famosa actriz, vedete y cantante de la época. Creo que fue la primera vedete que se exhibió completamente desnuda en un escenario en España y salía asiduamente en revistas como *Interviú*. El teniente me llamó y nos sentamos los tres (él, su novia y yo, un simple recluta), mientras los demás hacían la bajada de bandera. Me contó que él era nieto de los propietarios de una importante naviera vasca. Un año antes, su abuelo había sido secuestrado y asesinado por la banda terrorista ETA. Al parecer, los llamados «milis» de ETA militar, partidarios de la insurrección popular, se habían desmarcado de los «polimilis» de ETA político-militar, que apostaban por la violencia selectiva. Los últimos años de la década de 1970 fueron especialmente sangrientos, con atentados indiscriminados que se cobraron la vida de más de un centenar de personas, sobre todo guardias civiles, policías nacionales y militares. El teniente me dijo entonces que si encontraba a los asesinos tendría la tentación de matarlos con la pistola que llevaba en el cinto. Aquel comentario me marcó.

A veces me arrestaban por alguna tontería y me mandaban a cocinas, donde comía pollo al chilindrón, patatas y huevos fritos. Comía bastante bien y, en ocasiones, entre pitos y flautas, acabábamos a la una de la madrugada de juerga en la cocina. Cuando me arrestaban, el teniente me llamaba aparte, me preguntaba qué había hecho y se reía o me advertía que no volviera a hacerlo. Un día le quité la gorra a un soldado, al que le dije «Peluso». Un oficial me pilló y me metió ocho días de prevención, que era el cuarto de arrestados que había al lado del cuerpo de guardia. Eso significaba que tenía que llevarme mi colchón y dormir allí. Si tenías suerte y los soldados de guardia te dejaban en paz, entonces podías dormir, pero a mí me mandaron a limpiar tres noches seguidas. Sin embargo, al final también me rebajaron la condena y al poco ya pude salir. Nunca me castigaron demasiado y, cuando lo hacían, al cabo de poco suavizaban el castigo. En ese tiempo, me hice amigo de un tal Sevilla, un tipo muy gracioso; siempre íbamos juntos: el Polaco y el Sevilla. No puedo negar que, a ratos, lo pasé bien en la mili, pero el día a día era bastante duro. La diferencia que yo pudiera notar, debido a los privilegios que tenía en el ejército, solo se manifestó en situaciones puntuales que, sin llegar a ser extremas, sí podrían calificarse de excepcionales. Por lo demás, yo seguía la normativa común a todos los reclutas.

Tres meses después de mi incorporación, hicimos la jura de bandera en un patio enorme, donde hacía un calor sofocante. La ceremonia duró tres horas y en esa situación fui un soldado corriente y no tuve ningún privilegio. Una vez realizada la jura, me comunicaron que mi próximo destino sería Leganés, aunque me dieron un mes de permiso. Cogí el autobús hasta Barcelona y de ahí hice autoestop hasta llegar a la masía de mis padres en Sant Climent de Peralta. Por aquel entonces, hacer autoestop era fácil y todo el mundo se paraba, sobre todo si ibas vestido de soldado. Estuve un mes de fiesta con mi novia, mis amigos, con el coche para arriba y para abajo... Mi padre no se contuvo de darme todo el dinero que necesitase. No sé cómo o de dónde lo sacó porque su situación no había cambiado, pero en aquella época no me reprochó ni un céntimo. Tal vez me había controlado los gastos de pequeño, pero ahora era más generoso y me daba billetes de cinco mil, que entonces eran mucho dinero.

Tras pasarme un mes de fiesta continua, viajé a Leganés y me incorporé a la tercera compañía del Regimiento Saboya. Recordaba el consejo que me había dado un señor de Sant Climent que me dijo que en la mili no hay que destacar, hay que evitar ser el más tonto o el más listo (literalmente, me dijo que había que «colgar los huevos en la puerta antes de entrar»). Intenté seguir su consejo, pero tuve que sufrir alguna novatada. Un día me metieron en una taquilla y me encerraron con llave. Me echaban monedas por la rejilla y me decían que tenía que cantar la canción que ellos quisieran. Otro día intentaron lo mismo, me negué a cantar y me metieron en una ducha de agua fría vestido con mi uniforme. En una ocasión nos embadurnaron la cara con betún mientras dormíamos, pero los mismos que nos pintaron se asustaron y nos ayudaron a limpiarnos antes de que vinieran los mandos y nos descubrieran. En definitiva, sufrí algunas novatadas desagradables durante los primeros días, pero no me traumatizaron. Una vez superadas, nos dejaron en paz.

Durante el día hacíamos largas marchas a pie y

acabábamos muy cansados, con los pies llenos de ampollas. Yo veía con envidia a la banda de música, que tenía que marchar menos. Se me ocurrió que podía tocar el bombo, pensé que era algo fácil, así que me apunté para entrar en la banda. Al cabo de dos días, el brigada me anunció que yo sería corneta, aunque no tenía ni idea de tocar ese instrumento. Me dijeron que en tres meses aprendería, y yo, con tal de no hacer las marchas ni la instrucción, estuve dándole a la corneta todo el día, aunque aquello sonaba fatal.

A mediados de 1978, la banda se puso a ensayar durante quince días seguidos para un importante acto militar. El día antes del evento, el capitán me llamó y me dijo que estuviera preparado, puesto que tendría un papel relevante en el desfile. Me dieron un uniforme de gala con sus manoplas, cordones, etcétera. Al día siguiente, a las siete de la mañana, salimos con dos camiones y unos jeeps hacia Madrid, al Palacio de Oriente. Al entrar, vi a la Guardia Civil en formación, vestida de gala. Nosotros nos situamos en el patio de entrada. Luego extendieron una alfombra roja de unos cincuenta metros desde la puerta principal hasta la entrada del palacio. Sobre las diez, salió todo el personal de la servidumbre: las mujeres de blanco con sus cofias a un lado, y los hombres con sus uniformes al otro. Se situaron en la acera, tocando al edificio. De repente sonó el cornetín. A mí me pusieron en primera línea y la banda empezó a tocar, pero yo solo fingía que tocaba mi corneta porque no tenía mucha práctica.

Volvió a sonar el cornetín y entró un coche seguido de dos más, que se quedaron fuera. Del coche bajó el rey Juan Carlos y nosotros seguimos tocando hasta que el cornetín dio el toque final, y entonces se hizo el silencio. El rey estaba en un extremo de la alfombra esperando a recibir a otro personaje en acto oficial. A los pocos minutos llegó otro coche y salió el presidente de Francia, Giscard d'Estaing. El rey lo saludó allí y luego pasó revista a la tropa. Aunque pasó delante de mí, no recuerdo si me miró. Durante gran parte del acto yo hacía ver que tocaba la corneta con los mofletes hinchados. En cualquier caso, todo fue rápido, no tuve tiempo de darme cuenta de nada, aunque a posteriori he recordado esta imagen muchas veces. Luego entraron en el palacio y nosotros nos fuimos. Nunca había visto al rey en persona hasta entonces. Más tarde supe que aquella visita oficial de cuatro días fue importante para la normalización de la España de la Transición.

Seis meses después tuvimos otro acto. Yo pertenecía a la División Acorazada de Infantería de la Primera Región Militar, la Brunete, la más potente del ejército español. El teniente general al mando era Milans del Bosch, uno de los militares con más poder en aquella época, antes de que fuera destinado a Valencia, donde ejerció el mando hasta el golpe de Estado de febrero de 1981. Yo no me daba cuenta del todo, pero me encontraba en el meollo de las intrigas y conspiraciones que desembocaron en los varios intentos de golpe de Estado que hubo en aquella época.

Milans del Bosch nos hizo realizar dos veces el toque de corneta llamado «generala» (una ficticia y otra con armamento real), que indica la máxima alerta de una unidad militar. El día que sonó la generala con armamento real, nos quedamos acuartelados durante todo un fin de semana. Nos dieron las armas y nos ordenaron que no saliéramos de allí. Dormí vestido con cantimplora, el fusil de asalto (el Cetme) y dos cartucheras con veinte balas cada una. A las cinco de la mañana tocaron la generala y formamos en el patio de armas, que estaba lleno de camiones, jeeps, tanques de arrastre enganchados y las ametralladoras que iban en los jeeps. Estuvimos cuarenta minutos hasta que se disolvió la formación y nos dispersamos.

Con esto quiero decir que tal vez Milans del Bosch intentó en esa época dar un golpe de Estado. Aquella acción pudo haber sido un simulacro de pronunciamiento cancelado a última hora por los propios militares. El intento que sí trascendió se produjo dos meses después de licenciarme y dejar la División Acorazada Brunete. Según supe más adelante por un historiador, este golpe fallido ocurrió el 17 de noviembre de 1978 y fue desbaratado por los servicios de inteligencia de la Guardia Civil, quienes se lo comunicaron al presidente del Gobierno Adolfo Suárez y al rey Juan Carlos. Como ocurriría en el 23-F de 1981, el plan fue ideado por el coronel Tejero, entre otros instigadores que fueron detenidos y puestos en libertad un año y pocos meses después. Se llamaba «Operación Galaxia» y pretendía obligar al rey a instaurar un Gobierno de salvación nacional y a legitimar la guerra sucia contra ETA. Los militares golpistas decidieron hacer uso de su fuerza antes de que las reformas de Suárez y Gutiérrez Mellado obtuvieran una legitimación en el referéndum de la Constitución del 6 de diciembre de aquel año, en el que yo voté a favor.

En aquellos meses de movimientos militares y ruido de sables, me llamaron para otro acto en el que apareció el rey. Yo era un pésimo corneta y, en teoría, no era apto para asistir a esos actos. La banda llevaba veinte días ensayando y yo claramente no estaba al nivel. Sin embargo, el teniente de mi compañía me lo dejó bien claro: «Tú, polaco, mañana a desfilar». Me ordenaron limpiar a fondo las manoplas, los cordones y todo el uniforme para que luciera bien guapo en el desfile. De nuevo, salimos a las seis de la mañana en camión y dos jeeps, que nos dejaron en un hangar a pie de pista del aeropuerto de Barajas. Y ocurrió otra vez lo mismo: pusieron una alfombra roja y nos dispusieron en formación, donde esperamos una hora y media.

De repente, aparecieron dos helicópteros; uno aterrizó allí mismo y el otro un poco más adelante. Del primero bajó alguien, y yo pensé que debía de tratarse de un pez gordo. Nos ordenaron formar entre un fuerte viento, y entonces del otro helicóptero bajó el rey. Juan Carlos salió de escena y al cabo de unos veinte minutos aterrizó un avión pequeño, tipo jet, con una bandera africana. Se detuvo frente a la alfombra roja y salió un hombre negro vestido de militar. El rey lo recibió, se saludaron y luego pasaron revista a la tropa, mientras yo seguía con la corneta fingiendo que tocaba. Eran unas veinticinco cornetas, así que una más o una menos no se notaba. Estuvieron unos veinte minutos y luego se fueron a los coches y se marcharon. Con el tiempo, pensé que quizá el rey había tenido curiosidad por verme de forma discreta.

El día de las Fuerzas Armadas volvió a ocurrir lo mismo. De nuevo, me informaron cuatro o cinco días antes, mientras que el resto de la banda llevaba veinte días ensayando. ¿Quizá querían que tocara deliberadamente mal para que alguien me reconociera? Sin embargo, yo ya había empezado a cogerle el tranquillo al instrumento. El brigada me dijo que tocaríamos el día 30 de mayo, día de las Fuerzas Armadas, cuyo origen se remonta precisamente a 1978 (actualmente el desfile se ha trasladado al 12 de octubre, día de la Hispanidad), cuando se estableció la conmemoración anual de una fiesta de carácter nacional que homenajeaba al ejército. El día señalado nos llevaron al parque del Retiro, donde se concentraban todas las tropas. De allí fuimos andando al Paseo de la Castellana, para el desfile. A mí me tocó al lado de la tribuna, pero no podía girarme o mirar porque guiaba a todo el grupo. Por fin, cuando nos paramos, vi al rey, a la reina Sofía y a sus hijos legítimos. Era la tercera vez que veía al rey. Allí, la familia real pudo escuchar el toque de mi corneta.

Una última anécdota puede dar fe de estos curiosos privilegios que me fueron concedidos durante mi servicio militar. Ocurrió en febrero de 1978, durante unas maniobras importantes, lideradas por Milans del Bosch y la capitanía de Zaragoza, que se hacían en colaboración con militares franceses con fuego real. Había una división acorazada que se había desplazado expresamente desde Madrid. Primero llegaron los tanques, los jeeps, los camiones con armamento y, al final, las tropas en tren. Allí nos enseñaron que cuando un mando dijera «cuerpo a tierra», había que obedecer, aunque en el suelo hubiera una serpiente. Dispararon fuego real con ametralladoras, aunque estas tenían una inclinación y las balas pasaban por encima de uno. De todos modos, impresionaba el hecho de que te dispararan de verdad.

Entonces, tocaron diana y mi grupo salió del campamento con palas y picos con la misión de cavar zanjas y trincheras mientras nos disparaban. Hacía un calor sofocante. Subimos en camión a unos cerros, mientras que la plana mayor se quedaba abajo, en el campamento. Empezamos a cavar evitando las ráfagas de ametralladora y, hacia las once y media, apareció un helicóptero militar de los grandes. Aterrizó a quinientos metros de nosotros y salió un soldado, que vino directamente hacia nuestra zanja. Al alcanzarnos, dijo bien alto: «Soldado Alberto Solà Jiménez, entregue sus cosas y acompáñeme». Entregué el Cetme, las balas, las cartucheras, el pico, y subí al helicóptero por la portezuela de al lado de la cabina, como en las películas.

Dentro solo había tres militares y el soldado que había salido a buscarme. Todos se quedaron mirándome un poco alucinados y me ordenaron que me echara en un asiento abatible, en medio de un largo pasillo. Allí cabían unos setenta soldados y hasta se podían transportar jeeps, pero el helicóptero lo habían usado exclusivamente para recogerme. Me bajaron a la plana mayor y allí el general me informó que me concedían ocho días de permiso, puesto que mi padre había sufrido un accidente, que no estaba grave pero que podía ir a verlo. Me preguntó si tenía recursos para regresar a casa. Yo respondí afirmativamente. A continuación, me subieron en un jeep y nos alejamos del campo de maniobras.

El jeep condujo más de cuatrocientos kilómetros hasta el cuartel de Leganés cuando lo lógico, para un soldado con permiso, hubiera sido dejarme en la primera estación de tren. Durante el trayecto, el cabo que conducía me preguntó: «Oye, chaval, pero ¿tú quién eres?». «Que yo sepa, no soy nadie —respondí—, pero me tratan muy bien en el ejército y no sé por qué.» Y él añadió: «¡Ya te digo! Tenemos que llevarte a Leganés expresamente, dar la vuelta y volver a Los Monegros». Una vez en el cuartel, debí esperar a que un oficial desprecintara la compañía para poder cambiarme el uniforme por ropa de calle.

Acto seguido, fui a coger el tren a Barcelona y luego el autobús hasta mi pueblo. Iba asustado por saber qué le había ocurrido a mi padre, pero al llegar a casa lo encontré trabajando tranquilamente en el campo. No había sufrido ningún accidente. Más tarde, llegué a la conclusión de que el motivo de mi permiso fue protegerme del ambiente tenso que se vivía en el ejército justo antes del golpe de Estado. Los altos mandos no quisieron que yo corriese ningún riesgo, pues, en algunas maniobras con fuego real, más de uno había sufrido un accidente. Supongo que, en aquella época de incertidumbres, mi existencia tuvo alguna importancia estratégica, como si fuera un comodín que se esconde y se guarda por si ocurre algún imprevisto.

5

TRANSICIÓN

Tras licenciarme del Servicio Militar Obligatorio en septiembre de 1978, regresé a la masía de mis padres en el Ampurdán. No dije nada a nadie de lo ocurrido en la mili (es decir, del hecho de sentirme protegido en momentos difíciles), salvo a mi novia y a un par de amigos. Pero no le dimos mucha importancia. Siguiendo mi costumbre, me tiré una semana de fiesta para celebrar que había vuelto. También ayudé a mi padre en la masía. Los sábados me tocaba limpiar las pocilgas de los cerdos, las vacas y las yeguas. Había que amontonar las boñigas del ganado para el estiércol, un trabajo que ya llevaba algunos años haciendo y que no me gustaba.

Enseguida quise contactar con mi primo para reincorporarme como lampista en su empresa. Él me aceptó y me contó que últimamente había progresado mucho gracias a la popularización de los televisores en los hogares del Ampurdán y la necesaria instalación de antenas y repetidores. Como ese mercado estaba en auge, también empezó a vender televisores y otros electrodomésticos. Nos cedieron un espacio en una droguería de La Bisbal para exponer nuestros aparatos. Unos años más tarde, mi primo pudo abrir su propia tienda en La Escala.

En aquella droguería solía entrar un tipo muy simpático que tenía un Alfa Romeo y un Oldsmobile. Iba trajeado y era muy locuaz. Le instalamos un televisor en su casa y allí desplegó sus encantos de seductor. Unos días después, el tipo regresó a la tienda y nos propuso formar una empresa común de importación y exportación de electrodomésticos. Convenció al propietario de la droguería para que firmara un acta constitutiva y ellos me convencieron a mí para que entrara en el negocio como gerente, ya que, según ellos, tenía don de gentes. El propietario pidió un préstamo por un valor de un millón de pesetas, que serviría para pagar los derechos de importación y exportación y realizar los primeros pedidos. Mientras tanto, mi trabajo consistiría en hacer alguna entrega de dinero en Barcelona para los primeros pedidos y la gestión de las aduanas.

Hice dos entregas con el dinero en sobres. Cada vez me daban una dirección distinta en Barcelona, la primera fue en la calle Córcega. Yo me limitaba a cumplir el encargo y nunca supe quiénes eran los destinatarios de aquellas sumas de dinero. Un día, el propietario de la droguería me informó que tenía que cruzar la frontera francesa con quinientas mil pesetas y entregarlas al hombre del Alfa Romeo en un sitio acordado. Fui en coche hasta la Junquera, un poco nervioso. Al cruzar la frontera y aparcar el coche, vi a aquel hombre retenido por la Policía francesa y con el maletero de su coche abierto. Esperé en el parking y, al cabo de un rato, regresó y le pude entregar el dinero. Me contó que su encuentro con la Policía había sido una inspección rutinaria sin mayores consecuencias. Volví a casa y unos días después me llamó el dueño de la droguería para anunciarme que el hombre del Alfa Romeo estaba detenido.

Al cabo de unas semanas, el caso se complicó. Mientras estábamos trasladando los electrodomésticos de la droguería al nuevo local que mi primo había conseguido en La Escala, nos informaron que teníamos que ir a declarar en los juzgados de Gerona. Nos dimos cuenta de que el hombre del Alfa Romeo estaba en orden de busca y captura por la Interpol; era un timador profesional que acumulaba denuncias en varios países. Fuimos a los juzgados y nos encontramos con otros propietarios que también habían sido estafados. Por suerte, yo no había firmado los créditos, pero era responsable de las entregas de dinero (probablemente ilegales) y tenía que declarar. Curiosamente, mientras esperaba en los juzgados junto al propietario de la droguería a que nos citaran a declarar, vino un funcionario y me dijo que yo ya podía irme. Me fui, y el dueño de la droguería tuvo que esperar casi dos horas hasta que explicó todo lo que habíamos hecho.

El hombre del Alfa Romeo acabó en la cárcel y el dueño de la droguería pasó sus últimos años ahogado por las deudas. En cambio, a mí no me ocurrió nada. Aquello fue un escándalo en toda la comarca, mis padres y mis primos no sabían cómo había evitado tener que declarar en los juzgados. Incluso pensamos que quizá fue gracias a un pariente francés de los Solà que era policía de aduanas en Francia. Lo cierto es que, aunque a mí todo aquello ya no me parecía extraño, tampoco tenía una explicación sobre lo que me ocurría. Sin embargo, cada vez estaba más convencido de que todo estaba relacionado con mis misteriosos orígenes.

La nueva década de 1980 significó una modernización completa del país y estas transformaciones alcanzaron también el pueblo de Sant Climent de Peralta, aunque yo en aquel momento casi no me daba cuenta. Aquellos años fueron de transición a nivel político y social, y para mí de transición personal. Llevaba casi diez años con la rutina laboral de payés y lampista en los pueblos del Ampurdán y saliendo de fiesta nocturna en la Costa Brava.

A principios de 1982, ya estaba harto de trabajar en el campo y de lampista. Entonces, tomé dos grandes decisiones: investigar mis orígenes y emigrar a otro país. Mi decisión de irme de España no tenía que ver con mi identidad, aunque tampoco sé lo que hubiera ocurrido de haber conocido a mis padres biológicos. En realidad, lo que me empujó a irme lejos fue la sensación de que trabajando de ayudante de lampista y de payés no tenía futuro. No solo porque no me gustaban esos trabajos, sino porque veía más posibilidades de buscarme la vida en un lugar donde no me conociera nadie. Tenía veintiséis años y era el momento de hacer algo en la vida.

El nuevo Gobierno del PSOE promovió la emigración a países como Australia, donde había demanda de trabajo especializado, y se facilitaba la búsqueda de trabajo e incluso el alojamiento y se costeaba el billete de avión. Mi amigo José también quería emigrar y me propuso hacer las maletas e irnos a Australia, pero yo no hablaba inglés. Una noche en que estaba en un bar de Begur llamado can March, en la televisión pusieron una película mexicana en blanco y negro de Jorge Negrete. No sé por qué, pero esta película cambió el destino de mi vida. Le dije a José que yo quería ir a México, que allí hablaban español, y lo convencí de que se olvidara de Australia.

Sin embargo, antes de marcharme quería saber de dónde venía y quiénes eran mis padres biológicos, así que concerté una cita con la Casa Provincial de Maternidad de Barcelona. Me acompañó mi amigo José. Cuando entré en el edificio, me asaltaron recuerdos de la entrada, de cuando me llevaron a conocer a mis padres adoptivos con casi ocho años. El guardia de seguridad nos preguntó adónde íbamos, y yo respondí que a descubrir mis orígenes. Él respondió: «Uy, no te vaya a pasar como a algunos, que entran con la cabeza muy erguida y salen con la cola entre las piernas». Yo respondí: «¿Qué puede pasarme? ¿Que mi padre sea un cura y mi madre una puta?». Me daba igual todo, con tal de saber la verdad. Nos dejó pasar y esperamos en la entrada del despacho del director.

Al cabo de unos diez minutos el director, un señor calvo y regordete, nos dejó pasar y me preguntó directamente si no estaba contento con los padres que tenía. Yo respondí que sí, pero que también me gustaría conocer mis orígenes, saber quiénes eran mis padres biológicos. Entonces me pidió el DNI y nos sentamos en unos sillones negros a esperar. Enfrente había unos cristales, y detrás, el archivo del centro. De repente entró una monja, que debía de ser la encargada, y ambos se pusieron a revisar los archivos entre los anaqueles que había en un pasillo. Me miraron a través del cristal y avisaron a más personas, que empezaron a revisar el mismo archivo. Tras comprobar los documentos, todos se daban la vuelta para observarme.

Estuvimos esperando hasta las dos y media con este ir y venir de monjas, archiveros y personal. Pero al final apareció el director y me dijo que no habían encontrado nada. Lógicamente, no le creí y le pregunté por qué me habían hecho esperar tanto. Además, le comenté que aquel archivo parecía tener mucha información, a juzgar por lo que habíamos visto a través de los cristales. El hombre dudó, se puso a tartamudear y me preguntó: «¿Te acuerdas de Ibiza?». Al decirle que no (pues entonces no sabía nada), él me contó que había vivido en Ibiza unos años. De pronto, recordé vagamente mi vuelta a Barcelona, pero nada de Ibiza (que siempre ha permanecido en una neblina en mi mente). Luego he conocido otros casos de niños que nacieron en mi época y que también fueron llevados en adopción a Ibiza por la Casa Provincial de Maternidad de Barcelona.

El director también me dijo que yo era un Bach Ramon, y punto. No podía decirme nada más, puesto que mi caso era especial. Empecé a sudar, y solté: «Oiga, ¿le puedo hacer una pregunta? ¿El Bach Ramon es de sangre?». «El Ramon, sí», añadió él. Y seguidamente me aclaró que yo jamás había estado allí. Se refería al hospicio del centro, donde suelen quedarse los niños huérfanos hasta que son adoptados. Al parecer, solo estuve en la Casa Provincial de Maternidad dos veces: el día que registraron mi nombre, de recién nacido, y el día que me recogieron mis padres adoptivos, cuando tenía casi ocho años. El señor director me dijo que, como director de la Casa Provincial de Maternidad, se encargaba de preparar los documentos de todas las personas adoptadas en Barcelona. Fue él quien redactó mis informes y reconoció que la mía fue la adopción más compleja que se había gestionado en toda la historia del centro, al menos que él recordase. Luego se puso serio y me miró fijamente: «Tu padre forma parte de la alta política. Si no ocurre nada en este país, este señor permanecerá muchos años en el poder».

Salí desconcertado del edificio. De golpe, había descubierto que había pasado unos años en Ibiza, que mi padre era una persona importante de la política española y que mi familia biológica se llamaba Bach Ramon. Estaba claro que algo extraño sucedía conmigo; lo había notado claramente en el servicio militar pero incluso antes, en la masía. Y ante mi perplejidad, decidí pedirle al sacerdote de Sant Climent de Peralta, *mossèn* Narcís, a quien le tenía confianza desde mis años de monaguillo, si podía ponerme en contacto con el arzobispo de Barcelona, que procedía de Olot y, antes de ser arzobispo y más adelante cardenal, había sido obispo de Gerona. Más tarde supe que el arzobispo había participado en alguna reunión con el rey Juan Carlos y Josep Pla, muy cerca de la masía donde crecí. Creía que él podía tener información sobre mi proceso de adopción. El arzobispo finalmente me recibió en Barcelona y solo me confirmó que había nacido en el seno de una familia poderosa. En todas aquellas entrevistas noté que se me escondía la mayor parte de la información.

Paralelamente, ya había decidido irme del país y empezar una nueva vida en México. Y lo hice también en secreto. Mi padre quería renovar la masía y darle una mano de pintura. Contrató a un amigo mío que se llamaba Torres y yo le vendí el coche, un Renault 4L por ciento veinte mil pesetas. Con aquel dinero me compré el billete de avión. Sin embargo, no dije nada a mis padres, porque temía que montaran un número y no me dejasen ir. Tampoco se lo comenté a mi novia ni a nadie más. Planeamos nuestro viaje en secreto con mi amigo José.

Un lunes a las siete de la mañana mis padres fueron al mercado antes de lo acostumbrado para que el pintor pudiera empezar a pintar. Yo ya había pactado con un amigo que nos acompañase en coche a José y a mí al aeropuerto de Barcelona a cambio de cinco mil pesetas. Salimos a primera hora de la mañana y me escondí en el coche para que mi tío Solà, que en aquel momento estaba trabajando en el campo, no me viera. Llegamos a El Prat sin que nadie en el pueblo supiera que me marchaba a México. Sin embargo, antes de irme dejé escrita una carta a mis padres, explicándoles mi decisión y pidiéndoles que no se preocuparan, que no tenía nada contra ellos, pero que había decidido irme a trabajar a Australia. Puse ese destino expresamente, para que no me buscaran en América, y deposité la carta debajo de la almohada de su cama. Cuando ellos leyeron la carta, yo ya estaba en medio del Atlántico.

6

LLEGADA A MÉXICO

Pasé el viaje de ida con el corazón en un puño. Me disponía a hacer un cambio radical en mi vida. Sentía que había traicionado a mis padres, Antonia y Salvador. Yo, en ese momento, tenía dudas de que quisiera a mi padre y tampoco estaba seguro de que él me quisiera a mí porque era muy duro conmigo. Pero en aquel viaje se disiparon las dudas: me sentía culpable, y al mismo tiempo tuve la certeza de que le quería. Aun así, no pensaba volver atrás. De los otros padres, los biológicos, apenas sabía nada. Y creía que mi inquietud tras la visita a la Maternidad se iría disipando al poner tierra de por medio. Antes de hacer escala en Barajas, todavía en El Prat, rompí el billete de vuelta a España y lo tiré por la taza del váter. Me dije: «O vivo, o regreso a España con los pies por delante».

Subimos al avión. Nos sentamos al lado de un mexicano con el que entablamos conversación. Era el guardaespaldas de Bernardo Blanco, un rico empresario español propietario de una de las cadenas textiles y firmas de moda más conocidas de la época. Bernardo Blanco había fundado Tiendas Blanco en 1960 y, en dos décadas, la empresa estaba en su apogeo, con presencia en todas las grandes ciudades de España. Quizá Blanco tuviera alguna sucursal o negocios en México; el guardaespaldas fue muy amable con nosotros y nos dio información y contactos. Supongo que le caímos bien. De entrada, nos avisó de que México era peligroso y que, según en qué sitios, encontraríamos «perros sueltos», dijo, «y muerden». Nuestra decisión de viajar a México había sido tan precipitada que ni José ni yo sabíamos cuál era la situación social y económica del país. Tampoco conocíamos a ningún mexicano. Íbamos completamente a ciegas, confiados en encontrar empleo al poco de llegar a Ciudad de México.

Los primeros años ochenta significaron el fin del llamado «milagro mexicano». La política económica del presidente José López Portillo se fundamentaba en la explotación de petróleo y en la idea de que el progreso del sector petrolífero sería la fuente del desarrollo del país. Sin embargo, tras unos primeros años de crecimiento acelerado, la economía mexicana sufrió una profunda crisis, producto de las políticas erráticas del presidente, el incremento de la deuda externa y la fuga de capitales privados. En 1982, el boom económico de la década anterior se había desvanecido y el país se encontraba en una situación económica complicada, con altas tasas de inflación y desempleo, y una sensación de inestabilidad política y social, agravada por los problemas agrarios y un aumento de la pobreza en las ciudades.

No sé qué hubiéramos hecho sin el guardaespaldas que conocimos en el avión. Tras aterrizar en México viví un contratiempo, puesto que, al no tener billete de vuelta, podía tener problemas para entrar en el país. Sin embargo, él lo solucionó rápidamente dándole unos pesos a la Policía fronteriza, que examinó mis papeles. Así fue como comprendí que en ese país algunas situaciones delicadas o comprometidas podían solucionarse a base de «mordidas». El guardaespaldas también nos recomendó un hotel para alojarnos y nos dio el contacto de un español que había apoyado a otros inmigrantes recién llegados. Ese hombre también podía ayudarnos a encontrar trabajo. Se llamaba Marcelo Callado y un día iba a convertirse en mi suegro.

Fuimos al hotel y al día siguiente el guardaespaldas nos vino a buscar. Nos invitó a comer en un restaurante de la calle Bolívar donde hacían comidas caseras. Allí conocimos a la dueña vasca del local, que a su vez llamó a Marcelo Callado para concertar una cita con nosotros. Eso fue un lunes y el martes yo ya estaba trabajando. Todo fue muy rápido. Marcelo me dio el contacto del señor Arteaga, quien en pocas horas me proporcionaría mi primer empleo. Se trataba de vender alarmas de seguridad en casas privadas o locales públicos en la Calzada de los Misterios, cerca de la basílica de Guadalupe, en las afueras de la ciudad.

La Ciudad de México estaba creciendo a marchas forzadas, con una altísima tasa de natalidad y de inmigración del campo a la ciudad, sobre todo entre las clases pobres. Más allá de la construcción de edificios modernos en el centro, los barrios de chabolas crecían de un modo imparable en la periferia. La extrema pobreza de esos distritos hizo aumentar el índice de robos en toda la ciudad. Y las clases adineradas reaccionaron atrincherándose en sus mansiones e instalándose alarmas antirrobos y contra incendios, que se convirtieron en un negocio en pleno auge. El señor Arteaga me incitó a buscar nuevos clientes, patearme la ciudad y hacer llamadas a diestro y siniestro. Me dio la guía roja de la ciudad y me dijo que preguntando se llega a Roma.

Aquella noche hice una llamada a España a cobro revertido. Como mis padres todavía no tenían teléfono, llamé a mi primo Solà y quedamos que él iría a buscarlos y que hablaríamos media hora después. Cuando llamé al cabo de un rato, mi padre estaba llorando y yo no podía ni hablar. Entre sollozos, mi padre repetía: «¿Por qué lo has hecho? Tu madre está destrozada...». Fue entonces cuando me di cuenta del daño que les había hecho; no medí el dolor que podía causar desapareciendo por las buenas. Y la verdad es que no me porté bien con ellos. Aun así, le dije a mi padre que me enviara una pequeña cantidad de dinero puesto que todavía no había ganado nada y estaba sin blanca. Él se puso hecho una fiera, y yo le repliqué: «Mire, o me mandan dinero o remiten el cadáver». Finalmente, mi padre cedió. Entonces se tardaba un mes al enviar dinero de España a México. Mi padre tenía que ir al banco, solicitar un giro bancario por una cantidad de dinero y mandarlo por correo a contra reembolso.

José y yo nos trasladamos a una pensión mientras yo seguía trabajando con las alarmas. La primera la vendí al Gobierno mexicano, justo en el último año de la presidencia de José Luis López Portillo. El Gobierno tenía un almacén muy grande donde se guardaban las papeletas para las siguientes elecciones presidenciales. Allí conseguí venderles una alarma contra incendios. El problema surgió cuando supe que el Gobierno pagaba a ciento ochenta días vista. Yo iba a comisión, de forma que no cobraba nada hasta que la empresa de alarmas no recibiera el dinero.

Pasé treinta y seis horas sin comer, solo tomando café americano. No tenía ni siquiera para coger el autobús o el microbús pequeño (lo llamaban la «pecera»). Los días siguientes comí en unos comedores públicos y, tras llenar mi plato hasta los topes (carne de cerdo con frijoles, o lo que hubiera), me escapaba sin pagar por los lavabos. Aunque el importe de aquellos comedores era mínimo, yo no tenía ni para eso. Finalmente, Arteaga, el dueño del negocio de alarmas, se dio cuenta de mi situación desesperada y me llevó a comer mientras esperábamos el cobro.

Al cabo de unos meses, Marcelo Callado me contactó por una oferta de trabajo en una panadería en Ciudad Azteca, en un extremo de la Ciudad de México. Acepté el trabajo y el dueño de la panadería, Ismael Osorio, me buscó un apartamento donde me trasladé con José, que todavía no tenía ni papeles ni trabajo, aunque sobrevivía haciendo trapicheos. El horario en la panadería era de las cinco de la mañana a las diez de la noche. Yo no hacía el pan, a mí me querían como encargado para organizar el inventario, la selección de productos (pan, pastelitos, pan dulce) y el reparto, pero me tocó aprender todo el proceso de panificación. Cuando en la tienda había muchos clientes, también tenía que despachar. Era una panificadora enorme y en el mostrador había ocho cajas registradoras. A las cinco de la mañana ya empezaban a entrar los vendedores de las tiendas pequeñas y los vendedores callejeros.

De seis a siete de la mañana era un continuo desfile de gente comprando. A media mañana bajaba un poco, pero el flujo de clientes se mantenía durante toda la jornada. Comíamos en el despacho y nos alimentábamos bien, y además podía llevarme gratis huevos y aceite. Por otro lado, los gastos de la casa estaban cubiertos y hasta teníamos una muchacha que nos limpiaba. En la panadería había doce chicas con un puesto fijo y yo, que controlaba las dos líneas de producción (panadería y pastelería), mientras daba vueltas todo el día con los sacos de harina, los pasteles para las fiestas de fines de semana, etcétera. Casi siempre terminaba trabajando desde las cinco de la mañana hasta medianoche y alguna madrugada me levantaba con la misma ropa con la que me había dormido, de lo cansado que estaba. Por otro lado, pasear de noche por Ciudad Azteca no era muy aconsejable. Se trataba de una zona donde pasaba un canal de aguas negras, y más de una vez encontraron algunos cadáveres flotando.

Sin embargo, con el ritmo de trabajo y las pocas horas que tenía libres, fui acumulando dinero. Y dado que no sabía cómo gastármelo, me encapriché con un mono tití que vi un día con un cliente. Al final me trajeron un mono araña que me costó lo suyo y que además tenía muy mal carácter. Me recomendaron que me comprara una pistola, por si acaso, y así lo hice. Pero tras varios incidentes con los vecinos decidí deshacerme tanto del mono como de la pistola. Con el dinero que obtuve salimos de fiesta con José dos noches seguidas y, posteriormente, compré varios billetes de lotería, que regalé al personal de la panadería. En definitiva, viví unos años intensos, tal y como correspondía a mi condición de inmigrante recién llegado a un país nuevo.

José había encontrado trabajo en una zapatería, pero siguió viviendo conmigo hasta que se fue a Estados Unidos. Recuerdo la impresión que me causó la Ciudad de México aquellas primeras noches que pudimos salir de fiesta. Acostumbrado a vivir en un pueblo y tener Barcelona como modelo de gran ciudad, me quedé totalmente deslumbrado por su extensión y sus inacabables avenidas y barrios. Los vehículos yanquis estaban de moda, y las calzadas iban atestadas de coches enormes como los Ford o los Cadillacs, y también de taxis Volkswagen (tipo escarabajos). En las aceras se oían las voces de vendedores ambulantes y se olían los aromas de la rica gastronomía mexicana con sus tacos, guacamole, etcétera. Por las ventanas de las casas retumbaban los televisores encendidos a todas horas con música latina y presentadores de telediarios que vendían las reformas del Gobierno mexicano. A pesar de la crisis, las calles de la ciudad transmitían modernidad y la gente vestía a la última moda.

Yo me centré en trabajar para sobrevivir, aunque me sentía más vivo que nunca. A veces recordaba lo que me habían dicho en la Maternidad de Barcelona. Sabía que había vivido en Ibiza, que mi madre biológica pertenecía a una familia de la alta sociedad de Barcelona y que mi padre era un político importante en España. Pero yo iba a quedarme a vivir en México para siempre y me convencí a mí mismo de que toda esa historia de mis orígenes ya no me importaba. No quería mirar atrás. Sin embargo, uno no puede olvidar su procedencia, y menos aún si es tan complicada como la mía. Sentía un gusanillo en mi interior que me repetía las mismas preguntas que me había hecho antes de irme del Ampurdán. Quería saber quiénes eran mis padres biológicos.

7

ACEROS CORSA

Al cabo de poco tiempo surgió otra oportunidad laboral. En la panadería había unos clientes habituales de Soria que trabajaban en una fábrica siderúrgica llamada Aceros Corsa. Los sorianos le hablaron de mí al propietario de la fábrica, Ángel Córdova, y él respondió que podía ofrecerme un sueldo similar al de la panadería, pero con un horario más normal. Sin embargo, yo necesitaba quince días libres, porque quería ir a España. Tras aquella primera llamada dramática a mis padres, fuimos hablando con cierta regularidad. Pero cada vez que lo hacía, me daba la sensación de que no estaban bien. Así que a mediados de 1983 volví al Ampurdán y me disculpé ante ellos. Hubo muchos lloros y limamos asperezas. Era evidente que me querían mucho.

En poco más de un año la situación había dado un vuelco. Unos meses después de irme a México, mis padres se habían jubilado. Los Vilahur vendieron las propiedades y mis padres recibieron un millón de pesetas, a cambio de abandonar la masía donde habían vivido durante décadas. Con ese dinero, se compraron una casa en la calle del Puente, en La Bisbal, donde se instalaron. Sin embargo, cuando volví al Ampurdán en 1983, los vi bastante decaídos. Ya se habían trasladado a la casa nueva y la masía de los Vilahur estaba siendo restaurada por sus nuevos propietarios. El apego que yo mismo sentía por esa casa no es comparable con ninguna otra donde haya vivido. Para mis padres, aquello fue un cambio demasiado radical, que se añadió al trastorno provocado por mi marcha.

Durante aquellos días noté que mi padre se sentía culpable de que yo me hubiera ido a México, aunque mi decisión no tuvo que ver con él, la tomé porque no veía futuro en el trabajo de lampista. De repente, como sabía que me gustaban los relojes y conocía a los dueños de una relojería en La Bisbal, un día me trajo tres relojes. Yo estaba tumbado en la cama cuando él entró en la habitación con tres relojes de oro de pulsera y me dijo que escogiera uno de los tres. Escogí un Omega. Aquello me sorprendió mucho, y, aunque por un lado me alegré, no pude evitar entristecerme por el hecho de que mi padre se sintiera responsable de mi partida.

Al regresar a México tuve que arreglar mis asuntos entre Ismael Osorio, el panadero, quien no quería que me fuera, y Ángel Córdova de Aceros Corsa. Al final me despedí de Ismael y nos trasladamos con mi amigo José al apartamento de los sorianos, aunque José estuvo poco tiempo, porque ya había decidido embarcarse para Estados Unidos. Hicimos una buena despedida y se fue al país vecino, donde realizó todo tipo de trabajos (lavaplatos, criador de ovejas) hasta que, finalmente, regresó al Ampurdán. Mientras tanto, yo entré en el departamento de compras de Aceros Corsa y allí aprendí a tratar con los proveedores del sector del acero. Me sentí cómodo con el trabajo, y a las pocas semanas ya controlaba los inventarios del material de fábrica en el almacén y la báscula que pesaba la chatarra.

Unos meses después, sustituí al jefe de compras mientras este estaba de viaje y empecé a actuar por mi cuenta. Busqué nuevos proveedores y sustituí a otros que se habían acomodado o que nos cobraban más de la cuenta. Empecé a detectar ciertas irregularidades en las operaciones de compra y venta. No dije nada entonces (solo observaba), pero más adelante me encargaron el control interno de la fábrica y tuve que informar al dueño de varias fugas de dinero que implicaban a algunos mozos de almacén, encargados y hasta ingenieros. Hubo algunos despidos y recibí varias amenazas. Sin embargo, la familia Córdova me lo agradeció.

Pusieron a mi disposición un coche Ford grande, que utilizaba para las visitas a clientes y proveedores. Con él empecé también a salir de fiesta con mis amigos sorianos por la Zona Rosa de la Ciudad de México, que entonces estaba en plena ebullición. Algunas veces, quedaba para comer con Marcelo Callado, el hombre que me había proporcionado mi primer trabajo en el país. En una ocasión me invitó a comer a su casa y me presentó a su familia. Allí conocí a mi futura esposa, quien todavía era una adolescente, y no le hice mucho caso. Por entonces yo vivía la vida y tuve aventuras con varias mujeres, aunque sin comprometerme con ninguna.

Seguía volcado en mi trabajo. Tras la reestructuración del departamento de compras, me ascendieron y me dieron la responsabilidad de gestionar las importaciones y exportaciones, un cargo que implicaba un contacto estrecho con Ángel Córdova.

La empresa exportaba perfiles de acero de unos seis metros de largo para la construcción de hangares industriales y torres de alta tensión en Estados Unidos y Canadá. También importábamos materia prima, básicamente minerales y equipamientos para la fábrica. Yo me ocupaba de la logística del transporte, por barco, ferrocarril y carretera. Controlaba el paso de las mercancías por la frontera entre México y Estados Unidos y me ocupaba de toda la burocracia, especialmente del pago de los aranceles. Cualquier retraso podía ocasionar grandes gastos de almacenaje y sanciones administrativas.

Decidí arriesgarme y buscar nuevos mercados en Guatemala, Puerto Rico, Belice y Colombia. Ampliamos las operaciones a Puerto Hidalgo, en la frontera de Guatemala, Veracruz, en el Pacífico, y Tampico, en el Caribe. En aquella época también controlaba los mejores sitios para exportar mercancía de Estados Unidos o importarla. Con esta expansión, me gané la confianza de Ángel Córdova, sobre todo por el seguimiento que hacía del curso del dinero en las transacciones internacionales. Seguí mi carrera ascendente hasta que me nombraron director gerente comercial.

Los Córdova me acogieron como si fuera un miembro de su familia. El dueño me llevaba a comer a menudo con su hijo Juan Ángel, que tenía unos veinte años. Su padre me encomendó que le hiciera de mentor a su hijo en el negocio del hierro, así que él me acompañó en varios viajes y tuvimos ocasión de hacernos bastante amigos. Juan Ángel siempre fue un chico serio que aprendía rápido; él es ahora el director general de la empresa. A veces, también visitábamos al abuelo, el fundador, que se había jubilado y pasaba sus días invirtiendo en bolsa. Por otro lado, Ángel siempre me ayudaba con la renovación de los visados y cada vez que tenía que salir del país. Incluso estuve en Guatemala en 1984, en pleno conflicto entre la guerrilla y los militares.

Aquellos años fueron el momento álgido de mi trayectoria laboral. En 1984 logré importar unos electroimanes de Estados Unidos que costaban tres veces menos que los mexicanos. El Gobierno mexicano protegía a los productores locales y la importación de este producto parecía imposible; nadie lo había logrado antes. Lógicamente, a Ángel Córdova le interesaba y me apoyó, pero me advirtió de que las negociaciones con la Secretaría de Comercio iban a ser difíciles. Al final los convencí con el argumento de que estos electroimanes, que servían para la carga y descarga de la chatarra que alimentaba el horno, iban a mejorar la calidad del acero mexicano.

Nos dieron un mes de plazo para importar esos equipamientos de Ohio, pero lo conseguimos y los pedidos llegaron a tiempo a Nuevo Laredo. Esta operación marcó un antes y un después en las importaciones de maquinaria del ramo siderúrgico en México. Pero también levantó muchas suspicacias. Empecé a recibir amenazas de muerte, llamadas anónimas. Me imagino que eran debido a que los fabricantes nacionales de electroimanes tenían un gran interés en seguir vendiendo maquinaria a precios desorbitados, aunque este negocio ya tenía los días contados puesto que la Secretaría de Comercio, viendo la mejora que se había producido en nuestra fábrica, abrió las fronteras para que se importaran este tipo de bienes. Sin embargo, yo me sentía afortunado y estaba exultante por haber conseguido semejante éxito para la empresa e, indirectamente, para el país que me había acogido.

Entre 1984 y 1985 también viví dos grandes catástrofes: un accidente industrial y un terremoto. El primero fueron las explosiones de gas licuado de San Juan Ixhuatepec de 1984. Yo estaba en la cama a las siete de la mañana y de repente una explosión rompió los cristales de la ventana de mi habitación. Vivía a un kilómetro y medio de la zona residencial donde murieron centenares de personas, puesto que esa zona estaba llena de vendedores ambulantes y pequeños comerciantes. Un año después, un gran terremoto asoló la Ciudad de México. Una noche, mientras dormía, de pronto noté cómo se movía la cama y cómo me invadía una sensación de mareo indescriptible. Mientras tanto, un ruido como de un taladro irrumpió en la habitación. Salí a la calle y el caos se había apoderado de la ciudad. Aquella experiencia me provocó estrés postraumático durante meses. Cuando se sucedían réplicas, pequeños temblores, la angustia se apoderaba del ambiente hasta el punto de que la gente se encerraba en armarios.

También volvió mi curiosidad por conocer la identidad de mis padres biológicos. A finales de 1986 mandé una carta a la Casa Provincial de Maternidad de Barcelona para pedir más información sobre mis antecedentes familiares. Quería saber algo más de lo que ya me habían dicho en mi última visita, antes de irme a México. A principios de 1987 me contestaron que, para tener más información sobre ese tema, necesitaba una autorización judicial, y que podía acudir al Registro Civil de Barcelona. Pero no me fiaba porque, ya en mi visita, el señor Franco intentó no responder a mis preguntas hasta que volví a insistirle. De modo que decidí no quedarme de brazos cruzados y seguir reclamando la información que creía que me pertenecía.

8

MATRIMONIO Y FALSOS ORÍGENES

En septiembre de 1986 fui a visitar a la familia Callado y me quedé prendado de Elisabeth, una de las hijas de Marcelo. La recordaba adolescente y, de golpe, se había convertido en una mujer. Acababa de cumplir dieciocho años y era guapísima. Yo tenía muy buena relación con sus hermanos, quienes me ayudaron a quedar con ella y poder invitarla a tomar una copa para conocerla. En aquella época, las familias católicas mexicanas mandaban a un hermano para que acompañara a las parejas en sus primeras citas. A pesar de la diferencia de edad (yo acababa de cumplir treinta años), decidimos que nos casaríamos en cuanto tuviera los papeles de inmigración en regla, un proceso largo que acabó bien gracias a la ayuda de Ángel Córdova.

Nos casamos primero por lo civil en octubre de 1987 y luego organizamos una gran boda en julio del año siguiente en la iglesia de la Virgen de Lourdes, en Las Lomas, la mejor zona de la Ciudad de México. En aquella época, la familia Callado no tenía mucho dinero, pero yo estaba forrado, así que compré el vestido de novia y los adornos de la iglesia, pagué el banquete y alquilé una limusina. También ayudé a mis padres para que viajaran del Ampurdán a México y se quedaran una semana conmigo. Para mí fue importante porque los llevé a conocer mundo y vieron cómo vivía en México. La boda fue un auténtico fiestón, amenizado con dos grupos de música, que duró hasta las siete de la mañana del día siguiente.

Luego nos fuimos de luna de miel por Europa; viajamos a España, Francia, Italia, Austria y Suiza, y nos alojamos en hoteles de cinco estrellas. Paseamos por Venecia, estuvimos en Madrid para conocer a la parte española de la familia de mi mujer y en La Bisbal, donde le enseñé la región donde había crecido. Cuando regresamos a México, la madre de Elisabeth nos enseñó una imagen de nuestra boda, con un breve texto, que había aparecido en la sección de Sociedad de *El Sol de México*, uno de los periódicos más importantes del país. Me sorprendió ver mi foto en aquel diario. Hoy todavía no sé si atribuir la publicación de esta información a mi cargo de gerente comercial en Aceros Corsa o al hecho de que (de algún modo que yo desconocía) hubiera trascendido a los poderes fácticos del país que yo era hijo de una familia importante en España.

Elisabeth y yo nos fuimos a vivir a un piso de Lindavista y allí fuimos felices un tiempo. Pero pronto me di cuenta de que la vida matrimonial no iba a ser tan fácil como me había imaginado. A los pocos meses de mi boda me fui a una despedida de soltero con mis amigos sorianos y cuando regresé a casa de madrugada mi mujer no me dejó entrar, así que tuve que dormir en una pensión. Aquel fue el inicio de un distanciamiento que se iría agravando durante los diez años que duró nuestra relación. Creo que los dos estábamos enamorados, pero no fue una relación estable. Elisabeth era una mujer muy guapa, le ofrecieron trabajar de modelo, pero ella no quiso. Yo, en aquella época, estaba muy enamorado de ella.

A mí no me importaba que ella no trabajara, pero al poco tiempo de nuestra boda, la relación también empezó a romperse por otros motivos familiares.

A finales de 1987 mi suegro quiso comprar un terreno, pero no tenía suficiente dinero y me pidió si podía prestarle cincuenta y dos millones de pesos. Él tenía un negocio de recambios de coches y quería montar otro de distribución de productos de hierro. Yo no pude negarme, aunque no tenía el dinero, así que se lo conseguí a través de Ángel Córdova. Sin embargo, una vez compramos el terreno, se puso a construir un edificio que tardó más de lo previsto, mientras yo debía devolver el dinero que me habían prestado. Mi mujer ya me advirtió que no me entrometiera en los negocios de la familia, y tenía toda la razón. Con todo, aunque yo no podía negarle la ayuda a su padre, que tanto me había ayudado al principio, dicho mal negocio enrareció el ambiente familiar. Marcelo Callado acabó montando un taller de reciclaje de coches, del cual yo era socio al cincuenta por ciento, pero aquello nunca acabó de funcionar bien. Durante diez años pasamos las cuentas y yo intenté ser lo más generoso posible, pero Marcelo y sus hijos seguían endeudándose, y yo, perdiendo dinero.

Al final, consiguieron montar un equivalente de la ITV en España y el negocio reflotó, pero por entonces yo ya me había ido de México. Los Callado funcionaban como un clan y, a medida que pasaba el tiempo, sentí que mi mujer estaba más de su lado que del mío. Llegó un momento en que empecé a mantener en secreto mis movimientos y operaciones de dinero. Yo tenía un abogado que me supervisaba todo el tema económico con la familia Callado y me decía: «Mira, Albert, si vas contra tu suegro, vas contra tu mujer». Y así fue. Al final, tuve que enfrentarme a ellos y esto marcó el fin tanto de mi matrimonio como de mi estancia en México.

En julio de 1988, Ángel Córdova me regaló un viaje a Nueva York porque estaba muy contento con mis logros como director comercial de la empresa. Pasé unos días con mi esposa en Manhattan y aprovechamos una parte de las vacaciones para coger un avión a Barcelona y visitar a mis padres en La Bisbal. Mi padre tenía un cáncer de estómago terminal y estaba casi todo el día metido en la cama, excepto cuando daba su paseo diario por La Bisbal. Mi madre también estaba enferma de cáncer de pecho, aunque lo acabó superando. Yo creo que mi padre era consciente de que iba a morir pronto y no quiso despedirse de mí cuando llegó la hora de mi partida. Esto me afectó mucho. Elisabeth se quedó con ellos unas semanas más, porque yo tenía que volver al trabajo. Al cabo de quince días, me llamó a México para decirme que mi padre había muerto. Volví inmediatamente para asistir a su funeral y entierro en La Bisbal.

Poco después, en 1988 y 1991, Elisabeth y yo tuvimos dos hijas, María Concepción y Estefanía. Pero nuestra relación no funcionaba. Además, empecé a salir y a tener líos con otras mujeres. Aunque mis relaciones eran puntuales, las disputas fueron en aumento. En 1993, a raíz de un desliz con una amante, tuve una hija a la que llamamos Diana. Mantuvimos la relación en secreto y durante los seis años que seguí en México, solo la vi una o dos veces al mes. Ayudé a la madre de Diana y con la niña siempre he tenido buena relación, a pesar de que fui un padre ausente. Actualmente nos llamamos de vez en cuando y también guardo una buena relación con mi hija Estefanía, que vive en Londres. En cambio, con María Concepción y su madre, Elisabeth, perdí el contacto hace ya varios años. Intento no darle demasiadas vueltas a este asunto, aunque, paradójicamente, el tema de mi paternidad ha ocupado gran parte de mi tiempo en los últimos años. Quizá por ello, no puedo acusar a mi verdadero padre, Juan Carlos, de haber sido un mal padre.

Mientras tanto, Antonia Jiménez, mi madre adoptiva, estaba convaleciente de una operación de cáncer de pecho que le realizaron justo cuando murió mi padre, lo cual le impidió ir a su funeral. Tras recuperarse, quiso venir al bautizo de mi primera hija. Viajó a México y me pilló en un momento muy difícil, con mucho trabajo y problemas con mi mujer. Recuerdo que llegué veinte minutos tarde al bautizo de mi hija, y mi madre, que era la madrina, puso muy mala cara. Cuando volvimos a casa, mi esposa me dijo: «Mañana tu madre se va». No sé si se enfadó porque yo llegué tarde o bien ocurrió algo en el bautizo que desconozco, pero al día siguiente tuve que acompañar a mi madre al aeropuerto. Me sentí como un cobarde porque no supe afrontar la situación.

En un intento de salvar mi matrimonio, organicé un largo viaje a España con mi mujer aprovechando los Juegos Olímpicos de Barcelona en el verano de 1992. Aquel viaje también fue decisivo para averiguar más cosas sobre mis orígenes y mis primeros años de vida. Desde que me había marchado a México, mi interés por mis orígenes había ido creciendo. Volví con mi mujer a la Casa Provincial de Maternidad de Barcelona, donde estuvimos tres horas esperando hasta que conseguimos un documento según el cual la propia institución me ponía al cuidado de la familia que me había acogido en Ibiza hasta los cinco años. En los documentos también aparecía la dirección de la casa familiar.

Cogimos un avión a Ibiza y llegamos a San Juan, concretamente a la barriada de can Toni Miquel, donde estaba la casa en la que viví de niño, y ahora seguía residiendo el hijo mayor de la pareja. Al entrar en ella no recordé nada; mis cuidadores ya habían muerto. Sin embargo, el hijo nos contó que de pequeño recordaba haber jugado con un niño llamado Alberto. Pasamos unos días yendo a comer con él por Ibiza. Aquel verano en las Islas Baleares todo el mundo hablaba de la crisis matrimonial del rey Juan Carlos, que había sucedido poco después de que el príncipe Felipe desfilara en la ceremonia de inauguración de los Juegos Olímpicos de Barcelona.

El hijo de la familia nos contó que sus padres habían alojado a otro chico y a una chica, aunque no era, propiamente, una casa de acogida. En su opinión, la niña también procedía de una familia rica, pero nunca recibió las atenciones por parte de las autoridades de la isla que yo había tenido. La pareja cobraba novecientas pesetas al trimestre por tenerme a su cargo. Sin embargo, en la misma hoja de lactancia estaba estipulado el cobro de ciento cincuenta pesetas al mes, lo cual significaba que, entre el 28 de noviembre de 1956 y el 3 de agosto de 1959 (cuando fui devuelto), la familia recibió el doble por cuidarme. También me contaron que cada mes venía alguien a supervisar que me encontraba bien de salud.

Después del viaje a Ibiza fuimos a La Bisbal a ver a mi madre. Nos quedamos un par de semanas en la casa que mis padres habían comprado en la calle del Puente, una casa mucho más pequeña que la masía de Sant Climent. Por suerte, mi mujer y mi madre se llevaron bien. Hicimos varias visitas a Sant Climent de Peralta para ver a mis antiguos amigos y conocidos. Allí todo el mundo estaba al corriente de mis aventuras en México y todos tenían ganas de conocer a mi mujer y a mis hijas. También pudimos disfrutar de las playas de la Costa Brava.

Entre 1989 y 1996 fuimos de visita a La Bisbal una vez cada dos años aproximadamente, y siempre nos alojábamos en casa de mis padres. Sin embargo, a partir de 1996, los problemas matrimoniales empeoraron y yo empecé a gastar mucho dinero en detectives para averiguar mis orígenes, de modo que los viajes se espaciaron hasta mi vuelta definitiva. La relación entre Elisabeth y mi madre empeoró sensiblemente y ya no pudimos disfrutar de muchos más veranos como aquel de 1992.

En septiembre de 1992, poco después de volver a México, recibí una carta de la Casa Provincial de la Maternidad donde se me informaba que había aparecido mi madre biológica y a continuación me preguntaban si quería emprender los trámites necesarios para ponerme en contacto con ella. Adjuntaban un documento para que lo rellenase con mi identidad y así pudiera iniciar un intercambio de mutuo acuerdo. Naturalmente, lo reenvié firmado y acepté contactar con ella. En la tercera carta que recibí, me dijeron que era hijo de una tal Josefa con apellidos diferentes a Bach Ramon, nacida en Pons. Yo nunca había oído ese nombre. Aquello a mí no me cuadraba; yo seguía pensando que Bach Ramon eran mis apellidos por la parte biológica y Solà Jiménez por la parte adoptiva. ¿Qué pintaba Josefa en toda esta historia si no tenía los apellidos Bach Ramon?

En la carta estaba el teléfono de mi supuesta madre biológica. Mi mujer me insistió en que llamase, y tuve una conversación muy extraña: «¿Cómo está? Soy Alberto Solà, su hijo». Ella respondió lacónicamente y me pasó a su hija; dijo que prefería que hablara con ella. Aunque me extrañó esa reacción, interpreté que la mujer ya estaba mayor o que no se daba cuenta de la situación. Su hija me contó la historia de su madre. Josefa nació en 1928 en Pons y fue una madre soltera que vivía en Barcelona. Dio a luz a un hijo el 15 de agosto de 1956, un día antes de mi fecha de nacimiento, en la Maternidad. Sin embargo, el director de dicha institución me había confirmado que yo había nacido fuera, en una mansión de Pedralbes. El hijo de Josefa se llamó Albert y, al no poder cuidarlo, lo ingresó en el mismo hospicio al cabo de unos quince días.

Luego Josefa se casó y se fue a vivir a Andorra, donde tuvo una hija, que era con quien estaba hablando por teléfono. Josefa no supo nada más de su hijo hasta que recibió una llamada en junio de 1993 informándole de que lo habían localizado. Cuando hablé con Josefa, estaba jubilada. A partir de entonces, mantuve una relación telefónica con mi supuesta hermana, aunque nunca saqué nada en claro de todo aquello. Las versiones de la hija se contradecían; decía haber encontrado a más hermanos, sin dar más detalles, y además Josefa estaba enferma y no quería hablar con nadie. Durante un tiempo, nos llamamos todos los meses, aunque con la madre no volví a comunicarme porque ella no quiso. Sinceramente, yo no estaba nada convencido sobre la maternidad de Josefa, y mi mujer tampoco creía que ella fuera mi madre. De pronto, un día de 1995, en que mi esposa estaba sola en casa, recibimos una llamada anónima que nos informaba de que Josefa no era mi madre.

Más tarde, cuando me impliqué de forma casi obsesiva en investigar el nombre de mis padres, llegué a la conclusión de que Josefa no podía ser mi madre; aunque su historia sea verídica, sencillamente, yo no soy el Alberto que ella tuvo en 1956.

Mientras tanto, en México se sucedían los acontecimientos. Como había ocurrido en la década de 1980, otra crisis económica sacudió el país en 1994, en el último año de la presidencia de Carlos Salinas de Gortari. En un momento de grandes temores de los inversores privados, la gran industria y las patronales mexicanas tuvieron varias reuniones con el Gobierno para tratar de encontrar una salida a la espiral de inflación y deuda soberana que afectaba el país. A mí me llamaron para que acudiera a diversas reuniones en calidad de representante del sector siderúrgico. Me vi con la Secretaría de Comercio, con el Banco de México y con altos funcionarios del Ministerio de Hacienda. Intentamos proponer medidas para contener la inflación, promover las exportaciones y evitar en lo posible los despidos masivos en las fábricas. Viajé a Nicaragua, Guatemala, Salvador, Puerto Rico y Colombia para intentar abrir nuevos mercados. Poco a poco, la situación remitió. Pese a las crisis personales y políticas que se sucedieron a lo largo de esos años, América Latina me había abierto grandes oportunidades, algo que nunca hubiera podido imaginar si me hubiera quedado en La Bisbal, así que no tenía intención de regresar a España.

9

DIVORCIO

Cuando me casé, Ángel Córdova me regaló un piso en la colonia Lindavista, al norte de la Ciudad de México. Es una zona de clase media-alta con muchos comercios, escuelas y cines. El piso tenía doscientos cuarenta metros cuadrados y dos plazas de parking. Invertí mucho dinero en arreglarlo para que tuviera una decoración de lujo: mármol de Carrara, parqué de caoba, baños de última generación, una mesa de cristal soportada por dos panteras, una esfinge de Tutankamón, etcétera. Sin embargo, cometí el error de no escriturar la casa principal a mi nombre, y cuando dejé la fábrica y me divorcié de mi esposa, ella tuvo que pagarle cien mil dólares a Ángel Córdova, con lo que el piso pasó a ser propiedad de

Elisabeth y ella siguió viviendo allí con las niñas hasta que volvió a casarse. También teníamos una segunda residencia en Las Lomas de Coyuca, Cuernavaca, una casa de doscientos metros cuadrados con piscina en un terreno de cuatrocientos cincuenta. Allí pasábamos los fines de semana. A pesar de las muchas discusiones, los celos y los asuntos económicos, tuvimos momentos felices, sobre todo a principios de los años noventa, cuando íbamos para arriba y para abajo con las dos niñas pequeñas. Al regresar a España, eché de menos todo aquello.

Además de nuestras casas, compré varios terrenos para construir viviendas y sacar beneficios con el boom inmobiliario. En 1995 alquilé un local y abrí una cantina que se llamó La puerta de Torres. Al cabo de un año, el dueño del local me ofreció la posibilidad de comprar la finca donde estaba la cantina. Pactamos que parte del pago sería una de mis casas y el terreno correspondiente en Cuernavaca. Una mañana en que yo llevaba a las niñas al colegio, noté que un coche me seguía. Aunque era un automóvil corriente, me dio la impresión de que en él iban policías judiciales vestidos de paisano. Efectivamente, dejé a mis hijas en la escuela y, acto seguido, me encerraron con el coche y me detuvieron y me llevaron a la comisaría. Un hombre vino a decirme que estaba detenido por un fraude al hombre al que yo había comprado la finca, algo totalmente falso. Llamé a mi mujer, pero no fuimos capaces de hacer nada porque era viernes y hasta el lunes no se podía organizar una respuesta por parte de la defensa de un detenido. Es lo que se llama «el sabadazo». Así que me mandaron a la cárcel, al Reclusorio Oriente, y allí pasé el fin de semana. Me metieron en la zona de ingresos, en una celda con unos quince o veinte presos que se portaron bien conmigo; nada que ver con las películas. Me encomendé llorando a la Virgen de Guadalupe, porque aquel era el día de esa virgen. Por fin, el martes salí de la comisaría después de pagar una mordida al juez de sesenta mil pesos.

En 1997, mi matrimonio se estaba derrumbando. Si yo llegaba tarde a casa, mi mujer cerraba la puerta y yo no podía entrar. En una ocasión, tras una larga noche en que acabé pagando un concierto de mariachis, cogí mis cosas y me instalé en una habitación sencilla del hotel Plaza Toluca-Lancaster, donde viví ocho meses logrando evitar a mi mujer, quien intentó localizarme por tierra, mar y aire. Al cabo de unos meses, gracias a la mediación de mi suegra, asistí a la fiesta de cumpleaños de mi hija, que cumplía nueve años. Naturalmente, vi a toda la familia Collado con caras largas. Mis hijas tomaron partido por su madre y, poco a poco, nos fuimos distanciando. Además del divorcio, estaba el tema económico de mi suegro, que no se había solucionado. Pero aquella noche decidimos salir todos a tomar unas copas en la plaza de toros de la Ciudad de México, y fue como en los viejos tiempos. Allí mi mujer me pidió que volviera a casa, así que abandoné la habitación del hotel y regresé con mi familia.

Por otro lado, estaba cansado de trabajar en Aceros Corsa. Tuve varios roces con el jefe de personal y con el contable, y finalmente decidí dimitir. Ya tenía apalabrado un trabajo en otra siderúrgica llamada Talleres y Acero, con sede en Veracruz, en la que podía ejercer como comprador de chatarra. Sería un agente libre, sin necesidad de trabajar en la fábrica con horarios fijos, y eso me atraía. Antes de dejar la empresa, pasé un fin de semana tratando de poner todas las cosas en orden y escribí una carta a Ángel Córdova, justificando mi decisión. Le estaba eternamente agradecido por haberme dado la oportunidad de trabajar en su empresa y, sobre todo, por haberme abierto las puertas de la familia Córdova. Sin embargo, debido al desgaste laboral que sufría, tenía que dejar el trabajo.

Aquello fue otro jarro de agua fría para la ya muy tocada relación familiar. El día que entregué la carta, yo sabía que llamarían a mi mujer. De modo que me fui a Cuernavaca y me di un auténtico homenaje de comida mexicana en un restaurante que se llama Las Mañanitas. Cuando llegué a casa, ya era consciente de lo que me esperaba. Elisabeth me preguntó qué había hecho, y cómo íbamos a sobrevivir sin mi trabajo. Le comenté que ya había hablado con Ángel Córdova y que ambos estábamos de acuerdo en que había que darme tiempo, que posiblemente volvería. Pero no sirvió de nada, porque yo ya estaba decidido a dejar el trabajo y aquella decisión acabó de deteriorar nuestra relación.

Nos separamos en septiembre de 1999. Mi suegro, que tanto me había ayudado al principio (y que tanto me había utilizado después), me dijo que me había dado a su hija y que ahora me la quitaría. No me lo tomé como una ofensa, aunque no fue él quien me dio a su hija sino ella quien decidió casarse conmigo. Un día encontré la puerta de mi casa con la llave cerrada por dentro. Desde dentro, llamaron a mi suegro, que se presentó al cabo de un rato para informarme de que no podía entrar. Yo me alteré y nos gritamos, puesto que aquella era mi casa. Al final, mi mujer y mis hijas se fueron a dormir a la casa de los Callado, y yo pasé la noche en la portería del edificio.

Finalmente, vinieron los hermanos de mi esposa,

como dos corderitos, y me llevaron a comer. Me dijeron que mi mujer quería divorciarse. Yo les dije que estaba de acuerdo, a condición de que mis hijas vivieran con su madre en la casa y se quedaran con la pensión que me correspondía por mi trabajo en la fábrica. A cambio, ellos tenían que pagarme un hotel, mientras no solucionáramos todo el entramado económico que teníamos pendiente entre la familia Collado y yo. Aceptaron. Terminaron comprometiéndose a pagar una mensualidad de dos mil ochocientos dólares para Elisabeth y nuestras hijas a cambio del cincuenta por ciento de mi participación en el edificio que habíamos construido conjuntamente. Transferí un poder notarial amplio e irrevocable sobre el edificio, que me desvinculaba totalmente de esa propiedad. Y así fue como rompí mi último lazo con la familia Callado y también con Elisabeth, salvo en la relación con las niñas, a las que vi unas cuantas veces antes de abandonar México al cabo de un año.

10

DETECTIVES PRIVADOS

Con todo este lío familiar, decidí dar un nuevo impulso a la investigación sobre mis orígenes. A mediados de 1998 pedí a una persona de la embajada de España en México que me recomendara una agencia de detectives privados. Me dieron el teléfono de una agencia de Madrid y hablé con un detective que me explicó que era una de las mejores agencias de España, formada por ex policías y ex militares, y que cobraban setenta mil pesetas por cada día de trabajo. Acepté el trato; yo en aquella época iba un poco desquiciado, y les expliqué todo lo que ya sabía de mis orígenes: los apellidos Bach Ramon, los documentos que tenía (certificado de nacimiento y fe de bautismo), mis años en Ibiza, la conversación que tuve con el director de la Casa Provincial de Maternidad de Barcelona en 1982 (en la que me confirmó que yo era hijo de una personalidad de la alta política), etcétera. El detective me dijo que no me preocupara, que se pondrían manos a la obra y que encontrarían a mis verdaderos padres.

A finales de ese año me llamaron para decirme que habían investigado los apellidos Bach Ramon y que no aparecían por ninguna parte. Sin embargo, había la posibilidad de que mis apellidos fueran, en realidad, Ramon Bach. Según esta teoría, el cambio en el orden de los apellidos era algo habitual entre las familias que querían ocultar hijos ilegítimos. Con esta hipótesis, habían localizado a una mujer, Ana María Ramon Bach, que, afirmaban los detectives, podría ser mi madre. Procedía de una familia de banqueros de Barcelona. Pero, al entrar en contacto con los miembros de su propia familia, estos no quisieron saber nada del asunto y se negaron a hablar conmigo bajo ningún concepto.

En paralelo, los detectives habían logrado contactar con el antiguo chófer de mi supuesto abuelo materno, siguiendo esta hipotética línea familiar, que ya estaba jubilado y vivía en Tarragona. Y el chófer les contó que Ana María, efectivamente, se había quedado embarazada cuando tenía dieciocho años y que dio a luz a un niño al que llamaron Alberto. Sin embargo, por motivos que el chófer desconocía, se llevaron a la madre a Suiza mientras que el niño desapareció, aunque le sonaba que lo habían dado en adopción en Ibiza. El chófer les facilitó también el contacto de una cocinera que vivía en Córdoba, quien confirmó esta versión, si bien no añadió más detalles relevantes. Finalmente, los detectives dieron con la dirección de Ana María Ramon Bach.

A principios de 1999 me llamaron de la embajada española. El mismo hombre que me había facilitado el contacto de los detectives de Madrid me citaba para una reunión urgente. Al parecer, los detectives habían obtenido una información muy delicada sobre mis orígenes que preferían no comunicar por teléfono. Con toda confidencialidad, el hombre me dijo que había entre un ochenta y un noventa por ciento de posibilidades de que un miembro de la familia real estuviera relacionado conmigo de algún modo. Yo esbocé una media sonrisa. A continuación, pronunció el nombre de Ana María Ramon Bach, mi madre, que procedía de una familia de banqueros. Por último, la investigación requería que yo abonase cincuenta mil pesetas para que un funcionario de la Casa Provincial de Maternidad de Barcelona pudiera liberar unos documentos muy importantes que me afectaban.

Acepté el trato y pagué el dinero, pero nunca vi los documentos. Al parecer, el día que fueron a buscarlos, el detective se encontró con que otras cinco personas ya estaban hablando con el funcionario en cuestión. Al intuir que algo no iba bien, decidió abandonar la Casa Provincial de Maternidad, siendo (según él) perseguido por algunas de esas personas. El detective dedujo que una parte de la información ya se había filtrado y que el funcionario, quizá obedeciendo órdenes, había bloqueado la entrega de los documentos.

Durante el año y pico que duró esta investigación, no pude ir a España por motivos de trabajo y familiares, pero pedí a dos amigos míos de México (Teresa y su marido, Pedro) que visitaran a la agencia de detectives en mi nombre. Toda la información que me proporcionaron los detectives, me la comunicaron ellos por teléfono directamente o la obtuve bien a través del contacto de la embajada, bien a través de estos amigos que se prestaron a ejercer de intermediarios. Sin embargo, al regresar a España en el año 2000, me di cuenta de que no tenía ningún documento que diera fe de toda esta historia que me habían revelado los detectives.

Después del incidente en la Casa Provincial de Maternidad, los detectives me informaron de que se presentaron en casa de Ana María Ramon Bach y pudieron hablar con ella para decirle que su hijo estaba vivo y que residía en México. Siempre según la versión de los detectives, ella se mostró muy sorprendida: «¿Cómo que vive?». Entonces, al mostrarle varios documentos y fotos mías, replicó: «Sí, este que me estáis enseñando es mi hijo...». Y en aquel instante apareció alguien con un guardia de seguridad, que echó a los detectives de la casa de muy malos modos; los detectives dijeron que incluso les pegaron, aunque yo empecé a dudar sobre su veracidad. Todo esto me lo contaron por teléfono, y soy consciente de que esta visita resulta poco creíble, pero no puedo añadir más detalles porque los desconozco.

Es muy probable que mi madre biológica, se llamara o no Ramon Bach, quisiera conocerme cuando supo que estaba vivo. Sin embargo, su familia había dedicado mucho esfuerzo y recursos en tapar todo ese asunto. Ella habría rehecho su vida y quizá prefería no remover el pasado. Por otro lado, resultaba imposible lograr información sobre los Bach Ramon y sobre los Ramon Bach. Aunque supuestamente se trataba de una de las familias más poderosas de Barcelona, no había rastro de ellos ni en la prensa ni en ningún sitio donde pudiera contactarles directamente. Empecé entonces a sospechar de los detectives privados, sobre todo porque les pagaba mucho dinero y nunca lograba información concluyente.

A continuación, los detectives me explicaron la lúgubre relación que, según ellos, existía entre Josefa (mi otra supuesta madre biológica) y Ana María Ramon Bach. En 1961, recién llegado yo de Ibiza, la familia Ramon Bach organizó un entierro con un niño fallecido, posiblemente el hijo de Josefa. De esta manera, Ana María quedó convencida de que su hijo habría muerto tras una larga enfermedad, mientras yo realmente vivía en la mansión de Pedralbes, a cargo de mi familia paterna. No puedo saber ni imaginar cómo aguantó Ana María esos seis años sin poder ver a su hijo, creyéndole vivo y enfermo. Tras su breve reunión con Ana María, los detectives descubrieron y me contaron que, entre 1961 y 1999, ella creyó que su hijo estaba muerto. Pero ¿realmente era capaz esa buena familia de Barcelona de organizar semejante crueldad?

Los detectives también llegaron a la conclusión de que, en cuanto la familia Ramon Bach supo mi interés por averiguar mis orígenes familiares, presionaron o tuvieron acceso a la Casa Provincial de Maternidad de Barcelona para hacerme creer que mi madre biológica era Josefa. Curiosamente, fue mi convencimiento de que Josefa no era mi madre lo que me impulsó a investigar más y a contratar la agencia de detectives. Es probable que, si no hubiera sido por Josefa, yo no habría insistido en hurgar en mis orígenes familiares estando todavía en México. En primer lugar, me costaba creer que implicaran a una mujer ajena a la realidad de mi caso, y que hubieran utilizado a un niño huérfano muerto para simular que yo había fallecido a los cinco años. En segundo lugar, me resultaba igualmente increíble pensar en la posibilidad de que recuperaran toda esta historia para hacerme creer que Josefa era mi madre biológica y así acabar con mis ansias de saber la verdad. Sin embargo, pensándolo bien, el hecho de atribuirme una madre biológica falsa bien podría haber sido un error administrativo de algún funcionario de la Diputación. No obstante, a veces pienso que me habría ido mejor si me hubiera creído que Josefa era mi madre. Aún seguiría viviendo en México y tendría cerca a mis hijas.

Los detectives también investigaron en el Registro Civil, donde pidieron mi certificado de nacimiento. Según el acta, «el juez impone al inscrito los apellidos Bach Ramon», a petición de un tal José. En opinión de los detectives, el abogado José desempeñó un papel muy importante en el momento de mi nacimiento en agosto de 1956, seguramente como abogado de la familia Bach Ramon (o Ramon Bach). Los detectives trataron de localizarlo en su domicilio, pero ya había fallecido. Entonces visitaron a una de sus dos hijas, pero al exponerles el asunto, esta se asustó y dijo que no quería saber nada sobre la relación de su padre con mi caso, que ellos identificaban con el nombre de Alberto Bach Ramon. Los detectives tampoco pudieron dar con las demás personas que constaban como testigos en el certificado de nacimiento; algunas ya habían fallecido y otras estaban ilocalizables.

Al principio, los detectives me habían asegurado que iban a encontrar a mis padres, pero cuanto más investigaban, más confusas eran sus conclusiones. A mí toda esa información retorcida me provocaba sentimientos ambivalentes. Por un lado, sentía recelos y muchas sospechas sobre la familia de mi madre; y por otro, estaba la parte paterna, con los inquietantes y cada vez más fundados indicios que me relacionaban con la Casa Real. En el fondo, yo desde muy jovencito había intuido que uno o varios poderes de las altas esferas políticas y económicas controlaban mis movimientos desde que nací, ayudándome de alguna forma. Ahora también supe que mis orígenes biológicos por la parte materna provenían de una familia muy poderosa de Barcelona que no quería conocerme ni que yo supiera nada de ellos. Y lo peor era que esta familia estaba dispuesta a todo para guardar el secreto. Ante dicha situación, intenté no obsesionarme, aunque era inevitable estar cada vez más pendiente a medida que iban apareciendo nuevos actores en la maraña de mi identidad. Además, estas nuevas informaciones, en lugar de esclarecer mis orígenes biológicos, hacían que esa cuestión se volviera cada vez más confusa y compleja.

También había contradicciones en la información que me dieron los detectives sobre la familia Ramon Bach. ¿Cómo era posible que el tal abogado de mi familia materna, José, me hubiera inscrito en el Registro Civil con mis apellidos Bach Ramon (auténticos según esta versión) haciendo constar, en el mismo documento, que era «hijo expósito de padres desconocidos»? Tras un año y medio de investigaciones con los detectives, que me habían costado varios millones de las antiguas pesetas, las preguntas fundamentales seguían sin resolverse. Así que decidí cerrarles un poco el grifo y buscar por mi cuenta; incluso me planteé abandonar la búsqueda y dejarla por imposible. Pero justo antes de poder realizar los últimos pagos que tenía pendientes, la empresa de detectives sencillamente desapareció.

La gente de la embajada que me había recomendado la empresa, e incluso el cónsul, me dijeron que habían dejado el despacho y que nadie sabía por qué. Las direcciones y teléfonos de contacto no contestaban. Con el tiempo, he llegado a la conclusión de que los detectives, efectivamente, contactaron con mi familia biológica auténtica y creo que llegaron a una especie de acuerdo para que no trascendiera su nombre real. A la familia debía interesarle que yo creyera que mis apellidos auténticos eran Bach y Ramon, ya que no me había creído la historia de Josefa, y que no siguiera investigando. Los detectives, cuando supieron de quién era yo hijo en realidad, aceptaron ocultar mi nombre real. Tal vez recibieron presiones, amenazas o, algo más probable, dinero para mantener la versión oficial de Bach Ramon. Quizá también intervino la familia paterna, todavía más poderosa. Por otro lado, no he podido averiguar si el asunto de la tercera madre fue un plan de la familia Bach Ramon para que dejara de investigar o un error burocrático tremendamente chapucero. Sin duda, esta es otra de las partes más complejas y difíciles de desentrañar. La cuestión es que, después de mi caso, la empresa de detectives cerró.

Durante años, a pesar de todas estas incógnitas, y del hecho evidente de que mi familia biológica no quería saber nada de mí, seguí aferrándome al nombre de Bach Ramon, quizá porque era el único apellido supuestamente biológico que tenía. Por otro lado, los misterios sobre mis orígenes, mis asuntos con los detectives y los rumores sobre la mediación de la embajada corrieron como la pólvora entre la alta sociedad de México, y mucha gente empezó a tener curiosidad por conocerme. A principios del año 2000, me llamó un amigo y colega del sector de la chatarra, Alberto García. Me dijo que había hablado con un libanés que aseguraba tener hierros para venderme y que quería tener una reunión conmigo. Alberto solo me conocía por la parte comercial y no sabía nada de mi divorcio o de mi vida privada. Concertamos una cita en el despacho del libanés, que estaba en el centro de la Ciudad de México, cerca del monumento del ángel, detrás del edificio de la Ford y del Sheraton. Tras una espera de media hora, apareció el señor Sayer, un cincuentón alto y con el pelo cano. Me miró de arriba abajo y me hizo pasar a su despacho. Alberto García se quedó fuera.

Al entrar me di cuenta enseguida de que era un pez gordo, no tenía mucha pinta de ser un comerciante de chatarra. En su despacho había varias fotos bien visibles: una con Jacques Chirac, entonces presidente de Francia, y otra con Ernesto Zedillo, presidente de México. Me preguntó de dónde procedía y yo le conté que era un catalán que había emigrado a México y le expliqué un poco toda mi historia, sin entrar en detalles sobre la búsqueda de mis padres biológicos. Sin embargo, tras mi exposición, él respondió que conocía a mi madre y a mi tío. Al parecer, su padre había trabajado en el sector financiero en Nueva York y allí habría coincidido con los Ramon Bach. Incluso me dijo que una vez al año cenaba con el hermano de mi madre. Estuvimos unas dos horas y media hablando y se ofreció para contactar con ellos. También me contó que era socio del multimillonario Carlos Slim y que tenía varios negocios en los sectores de la telefonía y la minería, aunque las minas de oro no le rendían como él quisiera. Lógicamente, intenté que aquel hombre me ayudara a concertar una cita con mi familia biológica, pero no fue posible. Después de esta reunión, el señor Sayer siempre estaba ocupado o de viaje, y ya no pude contactar más con él. Posteriormente, yo mismo abandoné México, de modo que no llegué a saber si sus intenciones de reunirme con mi madre tenían algún fundamento.

En otra ocasión conocí al señor O'Farril, a través

de otro amigo mío. Fuimos a San Jerónimo, al sur de la ciudad. La mansión del señor O'Farril era espectacular y tenía hasta un helipuerto privado. Su familia, con una larga trayectoria en la alta diplomacia de México, había prosperado gracias a una cadena de concesionarios de coches nuevos, llamada O'Farril, que había tenido mucho éxito. Al entrar en su despacho, me sorprendió ver una foto suya con el rey Juan Carlos. Me dijo que su padre había sido diplomático en España. Hablamos largo y tendido y se mostró muy interesado por mí, aunque no concretó por qué tenía tantas ganas de conocerme. Lo cierto es que, desde que los detectives habían contactado con Ana María Ramon Bach, no pararon de sucederme cosas extrañas. De pronto aparecían personajes de altos vuelos en mi vida, que me preguntaban por mi situación actual y nombraban a mi familia materna y paterna, como si todos supieran de dónde venía.

El último en presentarse se llamaba (o dijo llamarse) Javier. Me citó en el hotel Marquise de la Ciudad de México en mayo de 2000. Vestía de forma muy elegante y me dijo que tenía una información importante y confidencial sobre mi familia biológica: al parecer, a mi madre le contaron que yo había nacido enfermo, algo que ya sabía por los detectives. Sin embargo, antes de darme más información, Javier me comentó que tenía que viajar a España para conocer a mi madre. Nunca supe si aquel hombre había sido contratado por el cuerpo diplomático español o era alguien de los servicios secretos. El caso es que, siguiendo sus indicaciones, compré un billete de avión que me llevaría a España el 8 de agosto del año 2000.

11

LA REVELACIÓN DEL JUEZ

Aterricé en Madrid en plena canícula de agosto y me pasé una semana en el hotel Plaza. Hacía mucho calor. Recuerdo que fui al Corte Inglés a comprar ropa y también a los cines de la Gran Vía. También salí algunas noches a tomar algo en bares y discotecas. Pasaba las mañanas tumbado en la habitación del hotel, viendo la televisión con el aire acondicionado. Esperaba que Javier me pusiera en contacto con mi madre, tal y como me había prometido. Sin embargo, los días pasaban, yo no recibía noticias suyas y empezaba a estar inquieto porque era consciente de que me hallaba en un punto decisivo de mi larga búsqueda. Tampoco sabía a qué se dedicaba Javier, aunque se lo pregunté varias veces. Siempre me respondía que su ocupación era leer los periódicos nacionales durante todo el día. Yo sospechaba que era un agente de los servicios secretos.

Cuando Javier me reveló algunos detalles inquietantes sobre mi nacimiento sentí que tenía información confidencial que solo podía venir de los altos organismos de poder. Aunque, por supuesto, también podían ser invenciones suyas. Fue él quien me explicó que, poco después de mi nacimiento, Juan Carlos alardeó frente a sus más allegados de que acababa de ser padre de un niño en Barcelona. Por supuesto, estos comentarios se limitaron a un pequeño núcleo de familiares y gente de su confianza. También me contó la necesidad que hubo de tapar todo el asunto, puesto que justo aquel año había sucedido la muerte accidental del hermano de Juan Carlos y el príncipe estaba siendo cuestionado por muchas voces desde dentro del franquismo.

Javier también me repitió algo que ya sabía por los detectives: que, poco después de mi nacimiento, informaron a mi madre de que había nacido enfermo. Con este argumento, me arrancaron de sus brazos. Pero en realidad me mandaron a Ibiza. Al darme estos datos, pensé que debía seguirle la cuerda a Javier, aunque no me inspirara mucha confianza.

Por otro lado, también quería ver a mi madre

adoptiva. Tras una semana en Madrid, le dije a Javier que me iba al Ampurdán y le pedí que siguiéramos en contacto para concertar una cita con mi madre biológica. Al llegar a La Bisbal, les conté tanto a mi madre como a mis amigos íntimos que me había divorciado. Ella lo aceptó bien, puesto que su relación con Elisabeth y su familia se había roto.

Un día de septiembre, Javier contactó conmigo para decirme que le llamara urgentemente desde una cabina telefónica. Me fui corriendo a la cabina de La Bisbal y allí me contó que se había reunido dos veces con mi madre biológica. Insistió en que pertenecía a una familia muy poderosa. Ella quería verme, pero de un modo discreto. Su marido y sus hijos no sabían nada de mi existencia y ella no quería provocar un escándalo. Entonces, escuché una propuesta surrealista para que yo pudiera reunirme con ella. Su marido tenía que cerrar unos negocios en Panamá y ella iba a reunirse con él en América Latina. Proponía una reunión en la Ciudad de México, antes de que la pareja regresara a España. Yo le respondí a Javier, indignado, que la historia de mis orígenes estaba en España, no en México, y que si querían verme debía ser aquí.

Javier se puso nervioso y empezó a quejarse de que recibía muchas presiones de la Guardia Civil, de Hacienda y del Ministerio de Trabajo. Estaba alterado y me dijo que teníamos que hablar cara a cara. Propuso citarnos en su casa del pueblo de Pastrana, en la provincia de Guadalajara. Acepté y organicé un viaje en coche con un amigo de Gerona llamado Rosendo Saltor. Viajamos en coche buena parte del día siguiente y llegamos a Pastrana al atardecer, un pueblo medieval a cuarenta kilómetros de Guadalajara, que tiene un convento muy grande y restaurado. Sin embargo, la mitad de las casas del pueblo estaban en mal estado o en vías de restauración. Inmediatamente, vi a dos tipos que parecían policías de paisano que no me quitaban el ojo de encima y me seguían a todas partes. Javier me recibió en un palacete muy bonito, tomamos un café y después fuimos de paseo a la plaza mayor del pueblo, donde había cinco o seis chiringuitos.

Tomamos algo. Yo le pedí que me hablara un poco más de él. Insistió en que su trabajo era leer todos los días la prensa nacional. Entonces mencioné mi posible vinculación con la Casa Real, a raíz de lo que me habían dicho los detectives en México y de lo que había añadido él en varias ocasiones. Sin embargo, él se mostró ambiguo. La conversación subió de tono, porque yo ya estaba harto de sus insinuaciones y de esperar en vano. En un momento dado me dijo: «¡Ni el rey ni Bush son intocables!». Y yo le contesté de malos modos, pegué un puñetazo en la mesa y me levanté con la intención de irme de allí. Él trató de calmarme e insistió en que me quedara a dormir en el palacete. Pero yo le contesté: «Mira, Javier, ha sido un placer, pero ya he tenido suficiente». Me fui de la plaza con mi amigo Rosendo, dejando plantados a Javier y a los dos guardias de seguridad que seguían allí, mirándome. Volvimos al Ampurdán aquella misma noche. Yo había conducido el viaje de ida y Rosendo hizo el de vuelta.

Lo cierto es que estaba harto de todo, tras un mes y pico en España bastante infructuoso, y quería regresar a México cuanto antes y, al menos, recuperar mi trabajo. Fui a la agencia de viajes Onyar, en Gerona, y cambié la fecha del vuelo, algo que me costó un dineral. Estábamos a finales de septiembre, faltaba apenas una semana para mi partida, y yo ya iba despidiéndome de mis amigos de La Bisbal, cuando recibí una llamada sin identificar. Una voz me dijo lo siguiente: «Señor Alberto Solà Jiménez, sabemos que usted quiere regresar a México. Por su seguridad, no salga del país. Buenas tardes». Y colgó. Me quedé helado. Fui a la agencia de viajes y no querían devolverme el importe del vuelo. Tras darle muchas vueltas, al final me acojoné y decidí quedarme en La Bisbal.

En aquel momento, mi vida pasó a estar determinada por el asunto de la paternidad. Aunque me acababa de divorciar, yo podría haber regresado a México y recuperar mi exitosa carrera profesional en el sector del acero. Sin embargo, aquella llamada supuso un punto de inflexión. Me obsesioné con los papeles que estaban custodiados en la Casa Provincial de Maternidad de Barcelona y que habían permanecido ocultos, tanto ante mis peticiones como ante las de los detectives. Valoré la posibilidad de demandar a la institución para obligarles a mostrarme todos los documentos que tenían relacionados con mi adopción.

Le comenté todas mis inquietudes a Sofía, una buena amiga que me conocía desde los diecisiete años. Aunque había nacido en un pueblo de Lérida, se trasladó de muy joven a La Bisbal. Sofía restauraba masías viejas de la zona y, gracias a su red de contactos, las vendía a gente adinerada de Barcelona y a extranjeros, más o menos lo mismo que yo había hecho en México con las casas de Las Lomas de Coyuca. Al contarle mi situación, sobre todo después de aquel inquietante aviso de que me quedara en España, me recomendó un procurador de Barcelona, al que le acababa de vender una masía en el Ampurdán.

Fui a Barcelona con Sofía para visitar al procurador en su despacho, que estaba en una casa del Ensanche con los ascensores antiguos. Él nos recibió con mucha amabilidad e interés y, tras mi larga explicación, quedó verdaderamente impresionado. A continuación llamó a una colega abogada, experta en casos de adopción. Carmen se hallaba en Moscú arreglando una adopción, pero concertamos una cita en un par de días. Al final, ella aceptó llevar mi caso por unas cien mil pesetas, un precio que consideré justo, aunque todo el tema de mis orígenes empezaba a afectar mi cuenta de ahorros. Tuve que rellenar papeles para obtener un poder notarial a nombre del procurador y la abogada. Con este poder ya podían representarme para demandar a la Diputación de Barcelona, que era desde donde se tramitaban los papeles vinculados al archivo de la Casa Provincial de Maternidad. Era una demanda contra el expediente, no contra personas, y con ello esperábamos obtener los documentos que finalmente resolvieran el misterio de mis orígenes.

Mientras tanto, llamé a la empresa Talleres y Acero en Veracruz para contarles que se me había complicado la situación en España. Dado que no teníamos acordado un trabajo fijo, me dijeron que estuviera tranquilo, que seguían confiando en mis servicios como vendedor de chatarra. Así que me concentré en la demanda judicial y me preparé para pasar una larga temporada entre La Bisbal y Barcelona. En total esperé nueve meses, de octubre de 2000 a julio de 2001, hasta que el juez nos citó.

Yo iba a Barcelona constantemente para ver a la abogada. Sofía me acompañaba y siempre bromeaba con que era «el hombre de las muchas madres». La Diputación iba pidiendo prórrogas al juez, hasta que, a la tercera petición, el juez puso una fecha límite. Cuando ya parecía que estaba todo listo para que me entregaran la documentación, la abogada me llamó y me dijo que había pasado algo muy raro. El juez quería conocerme en persona, pero lo normal hubiera sido que entregase los documentos al procurador y el procurador al abogado.

El día 3 de julio me presenté en el juzgado, bastante nervioso. Me acompañaba Sofía, la abogada y el procurador. Nos hicieron pasar a la sala de juntas del Juzgado n.º 14 de lo Familiar. Allí había tres hombres y una chica del juzgado, que me hizo sentar en una silla concreta. A continuación, entró el juez, que iba trajeado pero vestido de paisano. Se presentó, me tendió la mano y se sentó frente a mí. Antes de que pudiera decir nada, llamaron a la puerta y apareció una señora que pedía permiso para poder entrar. Era la fiscal y dijo que estaba muy interesada en mi caso. Entró.

Entonces el juez, sin más preámbulos, dijo: «Señores, ya saben quién es el padre del señor Albert Solà Jiménez. Es don Juan Carlos de Borbón y Borbón, rey de España». En ese instante, mi mente dio un rápido recorrido desde la Casa Provincial de Maternidad, la masía y el servicio militar hasta los detectives, cuando me dijeron que había un ochenta o noventa por ciento de probabilidades de que un miembro de la familia real tuviera algo que ver conmigo. De pronto, todo cristalizó en la simple y pura realidad: yo era el hijo mayor del rey de España.

El juez me miró y añadió:

—¿Usted no está contento con el padre que tiene?

—Señor juez —contesté—, como padre, no lo sé, pero como rey, impone.

El juez respondió con una frase sabia:

—Sepa usted que ni el padre ni la madre los podemos escoger, son los que nos tocan.

—Tiene usted razón.

Y continuó:

—Señores, ya saben en qué casa nació este señor, según la fe de bautismo...

Se refería a avenida de la Victoria n.º 1. Yo asentí y el juez añadió:

—Piense usted que tendría que estar detenido, pues tiene una doble identidad. Pero no se preocupe, puesto que no es culpa suya. —Y me entregó un sobre con noventa y ocho documentos—: Todo lo que he dicho es extraoficial. Que pase usted un buen día.

Nos dimos la mano, sonrió y se fue.

Todos salimos asombrados del juzgado. Ni el procurador ni el abogado esperaban algo así y no sabían cómo proceder. Por otro lado, no sabíamos si fue decisión del juez o de alguien de más arriba entregarme todos aquellos documentos. Tampoco se lo explicaban mis abogados. Al día siguiente llamé a Teresa, la persona que había mediado con los detectives privados estando yo en México. Le expliqué todo lo que me había dicho el juez, y ella respondió: «Alberto, es verdad. Has cerrado el círculo. Este era el último eslabón que te faltaba».

12

DEPRESIÓN

Las declaraciones del juez me afectaron profundamente. Pasé días y días dándole vueltas. Me venían a la cabeza los sufrimientos de mis padres adoptivos y los regalos que había recibido durante mi infancia. Siempre me había sentido observado, como si en mi vida hubiera intervenido un poder oculto. E, intuitivamente, siempre supe que mis orígenes guardaban un gran misterio. Ahora que sabía la verdad, que era hijo del rey, aquella situación me superaba. Lo digo con toda la humildad y sencillez. Me asaltaban las imágenes de los desfiles en que había visto a Juan Carlos en persona, mientras hacía el servicio militar. ¿Estuvieron aquellos encuentros organizados premeditadamente por altos mandos del ejército o por la Casa Real para que Juan Carlos pudiera verme? Aquellos tres actos impersonales han sido los únicos en los que hemos coincidido.

Como resultado de ello, entré en un estado de depresión, una depresión controlada, pero depresión al fin y al cabo. A esto se le añadió mi carácter hiperactivo. No quería que se enterase mi madre de todo lo que me estaba ocurriendo, pues estaba delicada de salud, así que hablé con mi amigo Rosendo, que vivía en Gerona, y que sabía toda la historia, y le pedí si podía pasar unos días en su casa. Me dijo que sí, que no había ningún problema. De este modo, en el verano de 2001 me instalé en su piso de la calle del Carme con la idea de quedarme unos días. Al final, estuve en la ciudad ocho meses. Los sábados iba a ver a mi madre a La Bisbal.

Como tenía tiempo libre, decidí acudir al periódico local de Gerona, *El Punt Diari*, y explicarles mi historia. El primer periodista con quien hablé no me hizo ningún caso. Lo intenté con otro y este aceptó verme en el Café Royal de la plaza de Sant Agustí. Estuvimos hablando casi tres horas y le enseñé todos los documentos. El periodista quedó impresionado y se decidió a publicar un artículo. Así fue como, a finales de 2001, mi historia se publicó por primera vez en prensa con un artículo titulado «Joven empresario que regresa de México». El texto destacaba mi trayectoria en México y mi convicción de ser hijo del rey Juan Carlos. Por aquella época empecé a seguir el debate sobre la sucesión dinástica de Juan Carlos puesto que, según las leyes de la monarquía española, Felipe debía casarse con una princesa para poder continuar con el linaje. A mí no me importaba demasiado porque, como he dicho más veces a la prensa, no tengo ninguna aspiración a la Corona. Además, por suerte o por desgracia, yo tampoco me había casado con ninguna princesa.

Tras este primer artículo, algunas personas se interesaron por mi caso. Tomasa, una intrépida riojana afincada en Gerona, quedó fascinada por toda mi embrollada historia familiar. Me dijo que quería ayudarme y se le ocurrió pedir el teléfono de la Zarzuela directamente a Telefónica. Al cabo de varios intentos, le dieron un número privado de fax y otro genérico, con números codificados. Al día siguiente, Tomasa y una amiga suya, que era la dueña del restaurante La Llosa, en la misma calle del Carme donde yo vivía, se pusieron a escribir una carta dirigida a mi padre, Juan Carlos. Era una especie de poema que ocupaba la parte central del folio, en la que se afirmaba que yo, Alberto Solà Jiménez, era hijo suyo. Yo no firmé la carta, pero vi cómo la mandaban por fax al número que nos dio Telefónica. Efectivamente, en el comprobante de envío salió el sello de la Casa Real.

Al día siguiente, estaba yo en La Bisbal despidiéndome de mi madre porque cogía el autobús de vuelta a Gerona cuando, de repente, sonó mi teléfono móvil. Era un número oculto: «Señor Alberto Solà Jiménez, le llamamos del Palacio de la Zarzuela». Yo me puse tan nervioso que se me cayó el teléfono al suelo. Era uno de esos móviles pequeños que entonces estaban de moda. Se cortó la comunicación. Lo recogí, volví a montarlo, lo encendí de nuevo y vi que todavía funcionaba. Al cabo de poco, volvieron a llamar y dije que Albert Solà no estaba, que yo era un amigo suyo y que insistieran a las seis de la tarde. Regresé a Gerona con el autobús y contacté con mi amiga Tomasa para pedirle que cogiera ella el teléfono a las seis de la tarde, porque yo no me atrevía. Ella aceptó encantada.

A las seis en punto, volvió a sonar el móvil. Tomasa dijo que yo no estaba pero que podían hablar con ella, que era una buena amiga de Alberto. La persona que llamaba de la Zarzuela le confirmó que habían recibido una carta en verso. Entonces, Tomasa le soltó lo siguiente: «Dígale a su Majestad que Alberto ya sabe que es su hijo». La voz al otro lado de la línea respondió que se lo comunicarían al rey y se despidió. A partir de aquel primer fax donde informamos a la Casa Real de mi descubrimiento, durante un tiempo la Zarzuela empezó a llamarme un par de veces al año, básicamente para preguntarme cómo estaba. Recibí unas doce llamadas en total. Eran escuetas y cordiales, jamás en un tono amenazante. Pero tampoco fueron más allá, y yo nunca quise alargar esas conversaciones más de la cuenta. Tampoco se me ocurrió pedirle audiencia a su Majestad ni él se puso nunca al teléfono.

A partir de entonces, empezaron a ocurrirme cosas que quizá resulten difíciles de creer, aunque tanto Rosendo como Tomasa podrían confirmarlas. Los helicópteros, por ejemplo. Al principio fue un helicóptero que iba y venía a diario al barrio donde vivíamos, en la calle del Carme; concretamente daba vueltas por encima del bar donde siempre nos reuníamos. Allí yo tomaba café por la mañana y al mediodía muchas veces también comía. Un día estaba yo sentado en el bar con mi amiga Tomasa cuando llegó un helicóptero y se quedó estático justo encima de los árboles. Era un helicóptero privado, puesto que no había ningún signo ni de la Policía ni del ejército. Desde el aparato podía verse perfectamente el interior del bar, y el dueño, que ya estaba harto de tanto alboroto, nos dijo que nos fuéramos, a ver si el helicóptero también se largaba. Efectivamente, eché a andar calle abajo y al momento el helicóptero dio media vuelta y se fue. A ojos del dueño del bar y de toda la parroquia, esa prueba evidenció que yo era el objeto de aquella vigilancia aérea. Después de varias semanas, el helicóptero se esfumó.

Estando un día en otro bar entraron un guardia civil y un mosso d'esquadra, ambos con rango porque llevaban estrellas. Iban con un señor vestido de civil, bajo, calvo y gordito. Tomasa enseguida me comentó que le parecía que aquellos hombres estaban allí por mí. El señor de paisano, que llevaba la voz cantante, me observaba constantemente. Los otros policías no me miraron tanto. Le dije a mi amiga que nos fuéramos y que se fijara en si aquel hombre me seguía con la mirada. En efecto, en cuanto me levanté, los tres me observaron hasta que salí a la calle. En cuestión de medio minuto, ellos también abandonaron el bar y entraron en la comisaría de enfrente. Aunque no creo que tuvieran previsto vigilarme especialmente, tal vez sí querían ver cómo reaccionaba ante una situación de vigilancia policial, comprobar si me ponía nervioso o hacía algún movimiento raro. Por otro lado, entre el cuerpo de policía debió de correr el rumor de que cerca de aquella comisaría vivía un hijo ilegítimo del rey que tomaba el café en el bar de al lado de la comisaría. Mi presencia frecuente en aquel bar bien pudo convertirse en una atracción para los policías de paso.

Por las noches, me iba de tapas por el centro de Gerona y también de bares y discotecas. Lo hacía para distraerme y superar la depresión. También salía bastante con Tomasa, que trabajaba en un geriátrico, y su marido. Durante esa época me ayudaron mucho. Por supuesto, Rosendo también se portó muy bien conmigo, al dejarme una habitación en su piso. Yo, a cambio, le limpiaba la casa porque empezaba a escasearme el dinero.

En cuanto al periodista de *El Punt Diari*, seguimos viéndonos alguna vez, pero su interés fue apagándose. Sin embargo, tuve la suerte de que me presentara a otra periodista, Tura Soler, a quien le entusiasmó la historia hasta el punto de que todavía hoy de vez en cuando escribe sobre mí en *El Punt Diari* (hoy *Punt Avui*). Tura Soler me dedicó varios artículos con fotografías entre los años 2002 y 2007. En ellos enfatizaba el carácter misterioso de mis orígenes y hablaba de «ángeles protectores» y hasta de una historia de «cuento de hadas». Además, leyendo los documentos que les facilité, los periodistas se dieron cuenta de que el apellido Bach coincidía con el del capellán que me bautizó y que nací en un día de

San Ramón. Lo cierto es que yo no me había dado cuenta de esas casualidades. Tras saber que era hijo de Juan Carlos de Borbón, los apellidos Bach Ramon parecían ahora un engaño al que me había aferrado durante años y, con ellos, se difuminaba la posibilidad de conocer a mi familia biológica materna.

Los periodistas también me sugirieron que hablara con un buen abogado de Gerona que estaba en el consejo de dirección del periódico. Lo conocí en su despacho y así, de entrada, me impresionó porque tenía una barba espesa y llevaba un medallón del Che Guevara. Empezamos a hablar y me pareció un buen hombre. Dejó caer que le gustaría llevar mi caso, que no iba a cobrarme, y yo acepté. Puntualizó que solo trabajaría en mi causa los sábados, porque no quería que el personal de su despacho se enterase de nada. A partir de entonces, tuvimos muchas reuniones en su despacho, siempre en sábado.

Le entregué todos los documentos y, tras ver mi certificado de nacimiento, el abogado estaba convencido de que mi adopción había sido irregular o, directamente, ilegal. A continuación, me mostró unas actas notariales y judiciales donde se veía con claridad que un par de hojas de mi historial habían sido borradas. El abogado me confirmó lo que me había dicho el juez: que, a causa de mi doble identidad (el hecho de tener dos nombres oficiales), mi situación legal podía ser objeto de delito penal, puesto que podía estar haciendo todo tipo de chanchullos y delitos gracias a mis dos nombres, como si fuera Dr. Jekyll y Mr. Hyde. Por desgracia, no tengo los originales de aquellas actas porque, cuando falleció este abogado, su hijo, que era más pragmático, quiso cobrarme para devolverme los documentos originales. Yo en ese momento no podía gastar más dinero con abogados, y ahora solo tengo las copias. Por otro lado, el abogado estaba convencido de que mi teléfono había sido intervenido.

A mediados de 2002, me había recuperado bastante de la depresión y volví a instalarme en La Bisbal, en casa de mi madre. Un día sonó el teléfono fijo y mi madre me lo pasó. Era una señorita que preguntaba por mí. Quería saber si estaba interesado en participar en una encuesta de consumo sobre los programas de televisión. Se trataba de apuntar todos los programas que yo veía y la cadena correspondiente. A continuación, tenía que puntuarlos del uno al diez. Le dije a la señora que realizaría la encuesta. A partir de entonces, todos los lunes me llamaba una chica para confirmar que seguía adelante con la encuesta y todos los meses recibía unas hojas con la programación que tenía que rellenar. Yo valoraba bien los programas culturales y marcaba la telebasura de cinco para abajo. La encuesta fue progresando con preguntas más psicológicas y, en total, duró año y medio.

Un día, se lo comenté al abogado de Gerona y me dijo que aquello no podía ser una simple encuesta, porque duraba demasiado. En su opinión, debía de tratarse de un plan para analizar mi coeficiente intelectual en base a los programas de la tele que veía. Por otro lado, nadie en La Bisbal recordaba haber realizado una encuesta tan exhaustiva, y yo ya estaba agobiado de rellenar tantos papeles y de recibir llamadas todos los lunes. Él mismo me recomendó que cortara por lo sano. El lunes siguiente, le dije a la chica de la encuesta que ya no quería seguir. Ella insistió y le colgué el teléfono. A partir de entonces, dejaron de llamarme y de mandarme los formularios. Paralelamente, en uno de sus viajes a Madrid, el abogado preguntó a la empresa en concreto de dónde procedía aquella encuesta. Le aseguraron que era un caso puntual, muy especial, y que habían recibido un encargo confidencial.

13

EL MONARCA DE LA BISBAL

Al regresar a La Bisbal me encontraba mucho mejor. Además, estaba cansado de esconderme y, tras la publicación de los artículos en el periódico, decidí contar mi historia a todo aquel que quisiera escucharme. Pero esta determinación me trajo consecuencias negativas que no esperaba. Cuando uno hace público que es hijo de un famoso y, al mismo tiempo, no es nadie desde un punto de vista social, es fácilmente susceptible de convertirse en objeto de escarnio público. A mí, el hecho de no ser nadie me daba igual: creo que soy el mismo, antes y después de saber que mi padre es el rey Juan Carlos.

Sin embargo, alguna gente de La Bisbal no pensaba lo mismo y, ante esta noticia, reaccionaron de forma hostil. Empezaron a criticarme y algunos decían que había perdido el juicio, que estaba loco de remate. Otros alegaban que era un mentiroso, un fanfarrón, un fantasma. Cuando llamé a mi ex mujer para decirle que había averiguado que era hijo del rey, ella me creyó, porque sabía que esta había sido una lucha que había librado durante buena parte de mi vida. En cambio, no dio credibilidad al hecho de que el juez me lo hubiera confirmado informalmente. Se echó a reír en cuanto se lo dije. Ella me creía mientras fueran historias mías, pero no aceptaba la posibilidad de que otras personas, y menos un juez, pudieran certificarlas o darles credibilidad.

Tras tantos meses en Gerona deprimido y un poco paranoico con los helicópteros, sentía la necesidad de contar mi historia a todo el mundo. Me esforzaba en tratar de explicar la secuencia completa para que la gente entendiese que había una base y que mi argumentación tenía una lógica: el servicio militar, la visita a la Casa Provincial de Maternidad en 1982, las investigaciones con detectives durante los años 1998-1999 y, sobre todo, la declaración del juez en 2001. A día de hoy, no puedo saber si el juez hizo esta declaración por iniciativa propia o porque le incitaron desde las altas esferas, pero lo cierto es que se ha convertido en la piedra de toque de toda la historia, el jaque mate definitivo que alumbró una nueva etapa de mi vida, más consciente de mi identidad, en la que todavía estoy metido.

Tras escuchar mi historia, mucha gente opinaba que nadie podía creerme si no lograba demostrar lo que afirmaba con papeles o con pruebas más convincentes. A algunos les mostré los documentos que me dio el juez. Pero entonces se daban cuenta de que no existe ninguna prueba fehaciente y tangible de que yo sea hijo del rey, sino que personas y situaciones, a lo largo de mi vida, me lo habían demostrado, y entonces, ellos, como mínimo, se mostraban escépticos. Tampoco me ayudaba que el caso fuera tan enrevesado, sobre todo en relación a las múltiples madres. De todas formas, comprendía que sus recelos eran una reacción previsible. Yo tampoco me lo hubiera creído a la primera si me lo hubieran contado de otro. Pese a todo, esa incredulidad que se generalizó en La Bisbal durante unos años fue revirtiendo poco a poco gracias al esfuerzo que hice con varios medios de comunicación y a la ayuda de ciertas personas.

Además de Tomasa, a quien ya he mencionado, Cynthia, una holandesa afincada en La Bisbal, fue un apoyo clave en aquella época. Ella me creyó por un motivo muy simple: le pareció muy evidente mi parecido físico con Juan Carlos. Le mostré los papeles y vibró con la historia. Entre 2002 y 2007, se publicaron cinco artículos sobre mi caso en *El Punt Diari*, pero su alcance se limitó a la provincia de Gerona. Sin embargo, Cynthia habló con varios medios de comunicación holandeses y aprovechó uno de sus viajes para contar la historia a una cadena de televisión de aquel país. Los periodistas decidieron desplazarse a La Bisbal en 2008 para conocerme y rodaron una entrevista donde yo mismo afirmaba delante de las cámaras que era hijo ilegítimo de Juan Carlos.

Un año después, una productora holandesa me grabó en La Bisbal e hizo un documental de unos quince minutos en el que salía Franco, porque yo afirmaba que él intervino en mi adopción. También se añadía el contexto de la época. A mediados de la década de 1950, las correrías amorosas del joven Juan Carlos eran de dominio público. El entonces príncipe se debatía entre María Gabriela de Saboya, hija de otro rey destronado, y Olghina de Robilant, una condesa italiana. Franco quería que se casara cuanto antes con una mujer de sangre azul, a ser posible hija de algún rey en ejercicio, y católica, algo que no era sencillo de encontrar en el decadente mundo aristocrático europeo de la posguerra. Juan Carlos era consciente de que una cosa era tener amoríos pasajeros y otra casarse, pues él quería ser rey. Su padre, don Juan, también reclamaba desde el exilio en Estoril su derecho a ser nombrado rey de España, según marca la ley dinástica. Pero el antagonismo entre don Juan y Franco lo hacía improbable. Sin embargo, mientras la sucesión de Franco y el matrimonio del príncipe no se solucionaban, Juan Carlos se divertía saliendo de fiesta y dando rienda suelta a su afición a la velocidad y al motor. En La Bisbal muchos me decían que yo me parecía más a Juan Carlos que su hijo legítimo, Felipe, quien tiene un carácter más serio y formal.

¿Fue Franco quien tomó la decisión de mandarme a Ibiza a finales de 1956, uno de los años más activos de Juan Carlos en el terreno amoroso? Quizá también decidiera mandar a mi madre a Suiza, para alejarla definitivamente de todo este entramado donde se mezclaban los amores de un príncipe promiscuo con las estrategias de sucesión de una dictadura militar. Es probable que hubiera mucha tensión entre Franco y la familia de mi madre, procedente de la alta burguesía catalana. Ojalá un día algún historiador con acceso a los archivos del Estado pueda resolver todas estas incógnitas.

Por supuesto, también expliqué el caso de Josefa y su hijo, que también se llamaba Alberto, y que supuestamente había muerto y había sido enterrado en presencia de mi madre biológica, según las investigaciones de los detectives de Madrid. Fue en 2008, coincidiendo con este documental en Holanda y los artículos publicados en *El Punt Diari* desde 2002, cuando empezó a arrojarse algo de luz sobre mi caso a nivel público. Tras toda esta exposición me quedé más tranquilo y, como consecuencia, la depresión que me había provocado la declaración del juez fue remitiendo.

Entre 2002 y 2007 fui varias veces a Madrid para intentar contactar con medios de comunicación de alcance nacional. Hubo un periodista independiente que se interesó por mí. Quedamos en un bar de la parte alta de Callao, y este me presentó a un historiador a quien le dejé leer todos los papeles. Mientras le contaba mi caso al periodista, que luego no publicó nada, el historiador me llamó la atención sobre algo que ponía en el certificado de nacimiento y que hasta entonces yo había pasado por alto: «Vestía fajita, camiseta, camisa y faldón blanco, babero bordado, jersey azul, sabanita, manta blanca y chupete verde». Al parecer, el chupete verde siempre aludía a los bebés que eran miembros de la Casa Real, y reconocía la presencia de sangre azul al ser la palabra «verde» un acrónimo de «Viva el Rey de España». Yo nunca había oído nada parecido y supe que era otro indicio revelador. También me puse en contacto con algunos abogados monárquicos en Madrid, pero ninguno se atrevió a aceptar mi caso, ya que el rey era una figura inviolable.

Estaba enfadado conmigo mismo. Mi obsesión por buscar mis orígenes no había dado los resultados esperados y no me había traído más que problemas. Estaba atrapado en mi pasado y persistía en busca de abogados y llamando a la puerta de los medios de comunicación. Lo que más me mortificaba era el hecho de haber abandonado mi vida en México por esta búsqueda, que nunca terminaba. ¿Por qué no había regresado y me había olvidado de todo? Cuando un niño de buena cuna es adoptado en la pobreza, difícilmente podrá volver a sus raíces. Del mismo modo, si un niño de familia pobre ha sido criado con todo tipo de lujos, es muy complicado reencontrarse con sus orígenes. Sin embargo, la vida que me había construido en México sí me pertenecía y nadie podía quitármela.

En 2008 empecé a trabajar como camarero en el bar La Montaña de La Bisbal. Tuve que hacerlo porque no me quedaba dinero y la salud de mi madre empeoraba. En el bar todo el mundo conocía mi historia y se hacían bromas y chascarrillos a mi cuenta, sobre todo cuando la concurrencia iba un poco pasada de copas. Un señor llamado Pedro Pascual Mont, que siempre creyó en la veracidad de mi historia, empezó a llamarme en broma «príncipe», y yo le dije que ese nombre no me gustaba; que, en todo caso, me llamara «majestad». Naturalmente, lo decía en broma, pero al día siguiente Pedro Pascual volvió al bar y me llamó «monarca», y ahí dio en el clavo. A mí no me pareció mal y toda la parroquia coincidió en señalar que ese título me quedaba bien. Por enésima vez, alguien volvió a bautizarme.

Desde entonces y hasta hoy, me he convertido en «el monarca de La Bisbal». Incluso ese nombre ha dado la vuelta al mundo gracias a algunos medios de comunicación. En La Bisbal, el noventa por ciento de la gente me llama «el monarca» y, unos pocos, *rei* ('rey' en catalán) o *reietó* ('pequeño rey', un mote cariñoso que se usa con los niños pequeños). Yo, en ocasiones, respondo: «Sí, sí, el rey de mi casa». A veces voy por la calle y alguien me llama Albert y ni me giro, de tan interiorizado que tengo el nombre de monarca. Además, en mi nueva vida de camarero, he desarrollado el «bocata monarca», un maxi-sándwich de tres pisos con huevo frito, lomo y ensalada, que todo el mundo conoce en La Bisbal. Así es como me he hecho un nombre en este sector.

14

LA MUERTE DE MI MADRE

Obtuve el divorcio por la vía civil en México, durante el mes de enero de 1999. Sin embargo, dos años después, mi mujer quiso ponerse en contacto conmigo. No podía localizarme porque yo no tenía móvil y seguramente no quería llamar a la casa de mi madre para no hablar con ella. Pero Elisabeth aún mantenía contacto con mi primo, y él me dijo que me buscaba. Yo entonces estaba en Gerona, luchando contra la depresión. La llamé desde un bar y me dijo que estaba pasando unos días en Santander, en casa de unos parientes. Me propuso vernos en La Bisbal, pero yo no quise. Ya estábamos divorciados, no había vuelta atrás. Colgué el teléfono e imagino que esto le dolió. Poco después ella interpuso una demanda de divorcio por la Iglesia.

Me llegó una carta del obispado de Gerona, citándome para una entrevista. Fui el día indicado y me tuvieron más de cuatro horas esperando en la recepción, hasta que me hicieron pasar a una sala donde vino un sacerdote que también era fiscal. Me explicó que mi ex mujer había pedido la nulidad del matrimonio por la Iglesia, un proceso extremadamente largo y complicado. Posteriormente, el fiscal me hizo unas setenta preguntas que yo tenía que responder bajo juramento ante la Biblia. Todo esto duró cuatro horas más. La segunda o tercera cuestión fue si realmente era hijo del rey Juan Carlos. Yo respondí que sí y añadí que le podía enseñar todas las pruebas que había ido acumulando a lo largo de mi investigación. El fiscal lo anotó todo y dijo que le gustaría poder consultar los documentos. Luego hicimos una pausa, el fiscal se ausentó a una sala contigua y se puso a hablar con otra persona. Oí que decía: «No sé si es hijo del rey, pero se parece mucho a él». Antes de empezar la segunda tanda, le pregunté si había posibilidad de obtener la nulidad del matrimonio por la Iglesia, y me dijo que eso era imposible. Sin embargo, seguimos con el procedimiento.

Estaba preocupado por este asunto de la nulidad matrimonial. Veía imposible poder resolver la demanda de Elisabeth, que era lo que realmente yo deseaba en ese momento. Me decidí entonces a escribirle una larga carta a mi padre, Juan Carlos, exponiéndole la situación. Creo que por primera vez le pedí ayuda. El rey no me respondió, pero estoy convencido de que actuó en mi favor, puesto que al cabo de poco tiempo recibí una carta del obispado, donde me informaban que podía ir a firmar la nulidad matrimonial. Me pusieron una sola condición: que, si volvía a casarme por la Iglesia, acudiera previamente a un psicólogo o un psiquiatra. Unos meses después, hablé con mi ex esposa, que estaba igual de sorprendida por aquel resultado tan rápido. Le pregunté si había puesto dinero para acelerar las gestiones, pero me dijo que ella no había intervenido y que no se había gastado ni un duro; creía que era cosa mía, por ser el hijo de Juan Carlos. Y allí quedó el asunto.

Mientras tanto, me vi envuelto en otro enredo familiar. Tras la muerte de mi padre, mi madre se aficionó a ir a L'Esplai, un espacio donde organizaban todo tipo de actividades y excursiones para gente mayor. Allí conoció a un hombre. Sucedió mientras yo todavía estaba en México y recuerdo las conversaciones telefónicas con mi madre. Ella me comentaba que él vivía cerca, en una habitación alquilada de una pensión, y que le hacía mucha compañía. Incluso hablé con él alguna vez por teléfono, pero a mí todo ese asunto me disgustaba un poco, quizá por celos de hijo... Él pasaba mucho tiempo en casa de mi madre, pero cuando yo iba de vacaciones a La Bisbal él nunca estaba. Yo le pedía a mi madre que no se liara, y ella «que no, que no...». Mi mujer decía que la dejara en paz, que mejor que estuviera contenta con él que no que se quedara sola y triste, así que poco a poco me fui acostumbrando.

Luego, cuando regresé a España, hablé con mi madre y le dije que si ella creía que era una buena persona y estaba a gusto con él, pues que yo no tenía nada en contra. Le sugerí que incluso podían vivir juntos, si les apetecía, puesto que Juan estaba pagando una habitación en la pensión, aunque se quedaba la mayor parte del día en casa de mi madre. Yo mismo le di una copia de las llaves y, al cabo de unos días, Juan se instaló en casa de mi madre.

Pese a todo, mi relación con él no fluía. Él era un republicano convencido y yo no tengo ningún problema con los republicanos, al contrario, tengo grandes amigos republicanos. Pero estos amigos saben separar lo que es la institución en sí, la monarquía, de mi relación concreta con el rey. Y no puedo criticar a Juan Carlos porque, aunque ha estado siempre en la sombra, creo que se ha portado bien conmigo. El caso es que se ponía a insultar al rey siempre que aparecía en la tele o en el periódico, y esto me ofendía. Se supone que a las personas mayores se les debe respeto y yo soy el primero en estar de acuerdo. Sin embargo, hay algunas que suponen que este respeto no tiene ninguna contrapartida. El respeto hay que ganárselo, y con él no había respeto mutuo.

Hay personas mayores que esconden secretos y creo que él era una de estas personas. En casa, todo lo hacía mi madre: las compras y la comida; él solo traía el pan. Pero mi madre estaba contenta, decía que aquel hombre la hacía feliz, así que yo apoyé su relación. Pero, poco a poco, sus hábitos empezaron a cambiar. Se ausentaba durante casi todo el día y volvía sobre las siete de la tarde. Yo entonces no sabía que jugaba a las máquinas tragaperras. Por otra parte, nunca veía que tuviese detalles con mi madre. La familia de él, que venía a visitarnos una vez cada quince días, nunca nos traía nada, ni postres, ni vino, ni nada. Un día me percaté de que su cartilla del banco, que estaba encima de la mesa del recibidor, tenía un saldo que iba creciendo, porque no gastaba nada; tenía allí toda la pensión íntegra. Me di cuenta de que mi madre lo estaba pagando todo y tuve algún enfrentamiento con él, pero él no se dio por enterado.

Mi madre y él iban a comer juntos diariamente al comedor del centro de día del geriátrico. Un día, la asistenta social me comunicó que mi madre tenía demencia senil. Poco después de que lo supiéramos, él dijo que tenía que ir al médico a Palamós y desapareció del mapa. Desde entonces, no ha vuelto por La Bisbal y espero no volver a ver su cara nunca más, aunque tampoco le deseo nada malo. La asistenta me recomendó ingresar a mi madre, al menos durante el día, a jornada completa. Así que yo la llevaba cada día por la mañana y la recogía por la tarde. Cuando la ingresamos, nos dimos cuenta de que mi madre tenía pendiente el pago de las comidas del año anterior, que había hecho con él, seguramente sin saber que las estaba dejando a deber.

El día que me tocó ingresarla fue un drama, porque no le dijimos que su novio no iba a regresar. Ella preguntaba por él continuamente. Tampoco quería quedarse en el geriátrico. La llevé a un buen restaurante, pero ella pensaba que yo lo había echado de su casa y, encima, que pretendía encerrarla en un geriátrico. Lo cierto es que no supe cómo tratar aquella situación, porque no iba a decirle que él la había dejado ni que ella tenía una demencia incurable y que debía hacer caso a lo que decían los médicos. Fueron momentos dramáticos.

Empezamos una nueva vida en la que intenté que no le faltara de nada. Le cambiaba los pañales, la lavaba y la llevaba todos los días al geriátrico, hiciera viento o lloviera. También intentaba que fuera bien vestida, con las mejores prendas que tenía y que solo usaba para ocasiones concretas. Esto duró unos años. Sin embargo, hubo un momento en que mi madre empeoró y entonces surgió el problema de su internamiento en el geriátrico.

Me llamaron del Consejo Comarcal para una entrevista. Me recibió un señor con silla de ruedas y me dijo que venía de la Fundación Tutelar de las Comarcas de Gerona. A continuación, me informó de que iba a perder la tutela de mi madre y que tanto la pensión como la cuenta de mi madre y sus propiedades (el cincuenta por ciento de la casa familiar en La Bisbal) pasaban a manos de la fundación. Yo no supe reaccionar, pues nadie me había avisado de nada. Cuando regresé a casa después de la jornada de trabajo en el bar La Muntanya, me puse a llorar sin que mi madre me viera, pues ella aún era consciente de algunas cosas, y no quería que supiera lo que había ocurrido. Ella siempre me había dicho que nunca la llevara a un asilo, que quería morir en casa, como hacían antes los ancianos en las familias tradicionales. Yo también quería que mi madre muriera en su casa. Pero no hubo opción.

Para terminar de complicar la situación, la directora del geriátrico era miembro de mi familia adoptiva. Yo a ella no la hacía responsable de lo sucedido; atribuía el asunto de la tutela al Consejo Comarcal. Pero me extrañaba que no me hubiera dicho nada, siendo primos hermanos. Pese a todo, decidí no darle importancia; aún no tenía una visión completa de lo que estaba ocurriendo. Así que me reuní con ella de buena fe y firmé el contrato mediante el cual yo consentía que mi madre fuera internada en el geriátrico. Como el Consejo Comarcal todavía no había obtenido la tutela por vía judicial, necesitaban mi consentimiento para trasladarla a jornada completa. Siendo mi prima, acepté y no leí lo que ponía en aquellos papeles. Pero luego me di cuenta de que se había incluido la deuda que mi madre había contraído aquel último año por haber comido en el centro todos los días.

Meses después me citaron y me presenté ante el juez, y allí estaba un miembro de la familia de mi madre adoptiva y un miembro de la familia de mi padre adoptivo, el señor de la silla de ruedas de la fundación y las asistentas sociales. Nos llamaron a la sala de juicios y el fiscal dijo que el señor de la fundación pedía la tutela de mi madre. Analizaron si mis condiciones económicas eran suficientes para cuidar a mi madre. Yo trabajaba de camarero, pero no podía afrontar la deuda porque no tenía ahorros. La sentencia se emitió al cabo de unos días, en ella me decían que me quitaban la tutela de mi madre. En realidad, no sé si me la quitaron porque pensaron que yo era un irresponsable o estaba loco por el hecho de proclamarme hijo del rey.

En cualquier caso, recibí una puñalada por parte de las dos ramas de mi familia adoptiva, la Solà y la Jiménez, que junto con la fundación y el Consejo Comarcal me arrebataron la tutela de mi madre y, de paso, la herencia. Debieron de pensar que, si tanto quería buscar a mi familia biológica, que me olvidara de mi familia adoptiva. Al salir del juzgado me encaré con ellos: «Todo esto es obra vuestra; porque es vuestra tía y vuestra cuñada. ¡Tendría que daros vergüenza!». Me escucharon con la cabeza agachada, y no respondieron. Yo me fui muy enfadado. A partir de aquel momento, nadie de la familia tuvo ningún detalle con mi madre, nadie le hizo ninguna visita. Un día me presenté en el geriátrico y entré en el despacho de la prima que me había traicionado. Abrí la puerta de un puntapié y le grité lo mismo que a los demás: «Vergüenza tendría que darte, ¡no me dijiste nada!». Y me largué.

Los últimos años pude visitar a mi madre, pero no sacarla del geriátrico. Ella, en sus instantes de lucidez, me pedía que nos fuéramos a casa, pero era imposible. Al final, ya era incapaz de hablar y el médico me dijo que había que suministrarle morfina para que no sufriera. Al día siguiente vino el sacerdote, mi madre tenía la mirada fija en un punto, y no sé si se daba cuenta, pero le dieron la extremaunción. Murió unos días después, coincidiendo con la Diada de Cataluña.

El día del entierro vinieron mis primos y propusieron hacer una gran comida de reconciliación. Yo pensé en mi madre, en que a ella le hubiera gustado que yo aceptase, y me presté a hacerlo. Sin embargo, poco después murió la esposa de uno de mis primos y no fui a su entierro, aunque la quería mucho; pero me seguía doliendo lo sucedido con mi madre. Cuando vinieron a buscarme para ir al funeral, les dije que no iba; me habían traicionado no solo a mí sino también a mi madre. Así que no fui, y como consecuencia quedaron rotas las relaciones con mi familia adoptiva.

En el entierro de mi madre, recordé lo mucho que ella había hecho y trabajado por mí. Era la mejor madre que yo pude tener, nadie podría haberla sustituido, aunque fuera otra mujer quien me hubiera dado la vida.

15

EL CNI

Mi primer encuentro con el CNI (Centro Nacional de Inteligencia) se produjo por casualidad en la discoteca Tamarindo, en Playa de Aro. Era una noche del verano de 2007 y yo estaba tomando una copa en la barra con mi amigo Luis. Sonaba una buena selección de temas de las décadas de 1980 y 1990, y un público de unos cuarenta años o más llenaba los dos pisos del local, tanto el restaurante como la discoteca. Justo a nuestro lado, apareció Joan Laporta, entonces presidente del Barça, con un séquito y un señor que hacía fotos con una polaroid. El fotógrafo nos tomó algunas fotos con él. Íbamos todos muy contentos y, con la euforia del momento, proclamé que yo era hijo del rey Juan Carlos. A Laporta le hizo gracia el comentario; en cambio, una mujer me respondió que, si yo era el hijo del rey, ella era la Virgen María vestida de blanco. La reacción del tío que hacía las fotos, un hombre de unos sesenta años, corpulento, calvo y con gafas, fue distinta: me miró detenidamente y me sacó algunas fotos más.

Yo estaba acostumbrado a soportar todo tipo de reacciones en cuanto mencionaba el nombre de mi padre. Mucha gente respondía con exabruptos, tonterías y bromas pesadas, sobre todo si el tema salía de noche en un bar o en una discoteca, algo que sucedía a menudo. Sin embargo, aquel fotógrafo me tomó en serio y me preguntó si yo realmente era hijo del rey. Me reafirmé en mis palabras y entonces me dijo que él iba a menudo a Tamarindo y que le gustaría volver a verme para charlar tranquilamente. Nos vimos algunas noches más y empezamos a tenernos cierta confianza, aunque me explicó pocas cosas de su vida. Solo sabía que se llamaba Antonio, aunque dudo que ese fuera su nombre real. Le di mi teléfono y, al cabo de unos meses, me llamó porque quería verme de nuevo.

Se presentó en el bar La Muntanya acompañado de su mujer, la misma que vi en la discoteca e hizo el comentario sobre la Virgen María. Los dos iban muy bien vestidos, él como un pincel y luciendo un reloj caro, y ella engalanada con muchas joyas. Antonio me contó que ya no trabajaba de fotógrafo y poca cosa más. Unos días después regresó al bar, esta vez solo, y me preguntó si podíamos hablar en un sitio tranquilo. Fuimos al bar La Terrassa, que está justo enfrente del río Daró, que cruza La Bisbal. Allí me mostró una placa de policía y me contó que estaba oficialmente jubilado, pero que permanecía en una especie de reserva del Ministerio del Interior y que le asignaban casos especiales cuando había necesidad de agentes con experiencia. En la discoteca Tamarindo tenía la misión de localizar a un mafioso ruso que estaba en busca y captura y que pretendía realizar un negocio con otro delincuente de la misma nacionalidad, que también frecuentaba el local. Al cabo de unos meses, la Policía recabó las pruebas suficientes y detuvieron a los dos rusos por tráfico de drogas. Así concluyó su trabajo y, ahora que se había cerrado el caso, ya podía contármelo.

Antonio reconoció que había trabajado como agente del CESID en varios países. En Yugoslavia le estalló la metralla de una bomba en toda la cara y tuvieron que hacerle una reconstrucción facial en una clínica de Estados Unidos. A simple vista no se notaba nada, salvo que llevaba dentadura postiza. Tras estas explicaciones sobre su pasado, de pronto cambió de tema y me dijo que él ya sabía que yo era hijo del rey.

Me comentó que era muy amigo del director del CNI en Barcelona y que quería presentármelo.

Quedamos en un bar de Barcelona. El director del CNI era un hombre alto, delgado y bien trajeado. La entrevista fue corta y cordial. Siempre que me vi con agentes del CNI fue en lugares públicos, normalmente en bares. Nunca me llevaron a ninguna oficina. Una vez incluso nos encontramos en una tienda en Barcelona donde venden placas y uniformes policiales, porras y gorras, y quizá armas, aunque no las vi. Allí solo entraban personas autorizadas por el Ministerio del Interior o de la Generalitat, así como agentes de la Policía Nacional y de los Mossos d'Esquadra. Yo entré porque iba con Antonio y con el director del CNI.

A partir de entonces, mis reuniones con Antonio se hicieron más frecuentes. Me dijo que vivía en algún lugar del Bajo Ampurdán, cerca de La Bisbal, pero poco después se mudó a Sant Miquel de Fluvià, en el Alto Ampurdán, cerca de Figueres. Allí nos citamos varias veces en un bar del pueblo. Creo que los agentes secretos, en cuanto completan un trabajo, cambian de domicilio para no dejar rastro. Al principio, me preguntó si no me importaba que grabase las entrevistas; así fue como obtuvo una larga grabación donde yo contaba mi vida y todo lo que había averiguado sobre mi pasado. Nos cogimos bastante confianza y un día me mostró los equipos de inteligencia que utilizaba en su trabajo. Había una cámara que costaba treinta mil euros y que podía hacer fotos a un kilómetro, como si estuviera enfrente del objeto fotografiado; luego me enseñó un kit con todo tipo de cámaras ocultas escondidas en botones, bolígrafos, etcétera. Él bromeaba al llamarme «principito».

Al cabo de poco tiempo, el director del CNI de Barcelona volvió a citarme. Me pidió si tenía algún inconveniente en renunciar a la Corona en una declaración que ellos mismos filmarían. Les respondí que no me importaba hacerlo. Como he afirmado al principio de este libro, no tengo ningún interés en la Corona, porque no he sido educado para ser rey, más bien todo lo contrario. En cambio, mi hermano menor, Felipe, se ha preparado durante muchos años para cumplir con esta función y, por lo tanto, es la persona adecuada. Por otro lado, Felipe, aunque no me conozca ni me reconozca, no tiene ninguna culpa de mi existencia. Aparte de no tener ni la preparación ni el conocimiento para el cargo de rey, a mí la Corona no me motiva ni me llama particularmente la atención, aunque pueda parecer raro o paradójico. Lo que quiero es saber quiénes son mis padres. Así pues, me pusieron una cámara delante y juré solemnemente que renunciaba a todos los derechos sucesorios a favor de Felipe de Borbón.

Cuando terminaron de grabar, el director me enseñó un pequeño maletín con varios móviles encajados en su interior. Cada uno de ellos tenía una línea directa con el rey, el príncipe, el presidente y los ministros de aquella época. Al lado de los móviles, el director señaló un aparato que era un inhibidor de frecuencia. Lo puso en marcha y a continuación me pidió que observara a un par de personas que estaban en el bar hablando por teléfono. De repente se cortaron las líneas: las dos personas se quedaron mirando su móvil, tocando la pantalla y agitando el aparato intentando recuperar la conexión. El director apagó el inhibidor y, al cabo de poco, pudieron volver a hablar como si nada.

Dado que había renunciado a la Corona, me dijeron que podía resolver de una vez por todas el asunto de mi paternidad. Y me ofrecieron realizar una prueba para comparar mi ADN con el del rey Juan Carlos. Supongo que ellos también querían estar seguros de la veracidad de toda la historia. Me avisaron de que el proceso sería un poco complicado, pero que acabaríamos por saber la verdad. Juan Carlos siempre iba acompañado de miembros del CNI, y era fácil sustraer un vaso o una cuchara con rastros de su ADN para analizarlos. Efectivamente, según fui informado, al cabo de unas semanas, los agentes del CNI consiguieron una muestra de su ADN. Antonio vino a visitarme a La Bisbal y me llevó a un laboratorio de Lérida donde se analizarían todas las muestras.

Una vez en el laboratorio, el director me hizo firmar muchos documentos y abonar ciento cincuenta euros. Me aseguró que los resultados se guardarían en su ordenador con una clave secreta infranqueable. Luego me mandaron el kit por correo a La Bisbal, una caja con un equipo para sacar las muestras de ADN y unas instrucciones. A la mañana siguiente, en ayunas, mojé los palitos con saliva siguiendo las instrucciones y los deposité en el estuche. Mandé el kit por correo y al cabo de quince días me llamaron para informarme de los resultados: había una coincidencia del noventa y nueve por ciento en el ADN de ambas muestras. Sin embargo, cuando recibí el informe con los resultados, no aparecía ningún nombre. El documento simplemente certificaba que se había producido esta coincidencia entre el individuo A y el individuo B. Jamás apareció el nombre de Juan Carlos por escrito.

Los agentes del CNI también me hablaron de la familia Bach Ramon, y estos fueron los apellidos que utilizaron. Me avisaron de que se trataba de una familia muy poderosa y que tenía que ir con cuidado, porque no querían saber nada de mí, algo que a mí ya me constaba. A esas alturas, no tenía ninguna intención de llamar a la puerta de la familia Bach Ramon (o como se llamasen) para pedirles nada. Así como la Corona no entraba en mis planes, tampoco iba a reclamar herencias que no me pertenecían ni llamar a puertas donde sabía que no era bienvenido. Desde luego, pese a todo, me sentía dolido por su calculada ignorancia y por el poder perverso e inhumano que habían ejercido sobre mi vida.

Asimismo, me dijeron que el rey me había protegido siempre, desde mi infancia, algo de lo cual yo no tenía (ni tengo) ninguna duda. Según ellos, Juan Carlos conocía mis correrías, puesto que recibía regularmente informes del CNI sobre mí. Por algún motivo, no le di mucha credibilidad a esta información. De todos modos, después de estas reuniones con el CNI, escribí una carta al rey donde le daba las gracias por haberme dejado vivir, pues tanto él como mi madre (a quienes perdono) pudieron perfectamente haber decidido abortar, tal vez en otro país, y entonces yo no existiría. O podrían haberme entregado a un hospicio en el momento de nacer y yo no hubiera conocido nunca nada sobre mis orígenes. Aunque quizá esta opción hubiera sido preferible, pues me hubiera evitado vivir semejante carrusel. Los agentes de los Servicios Secretos me dijeron que tanto la Casa Real como los Servicios Secretos siempre habían estado pendientes de mí. Pero lo habían hecho a su manera, como yo mismo había comprobado varias veces.

16

LA HERMANA BELGA

Una tarde, a principios de 2012, que estaba trabajando en el bar El Drac, recibí una llamada desde Bélgica. Era un hombre mayor que hablaba un castellano con acento extranjero y que me decía que su familia, especialmente su nuera, quería conocerme. Me contó que se habían enterado de mi historia a través de un artículo en el periódico holandés *De Telegraaf* y el documental que había emitido la televisión holandesa sobre mi caso, donde salía la casa de Ibiza y La Bisbal. Mi amiga holandesa, Cynthia, había conseguido que mi historia se difundiera en los Países Bajos y más allá, pues esta familia me llamaba desde Bélgica. Seguidamente, el hombre añadió que creían que su nuera, Ingrid Sartiau, también era hija de Juan Carlos y que, por lo tanto, éramos hermanos. Al parecer, Ingrid tenía muchas ganas de visitarme en el Ampurdán. Yo les respondí que estaban invitados.

Le comenté el contenido de esta llamada a Antonio, con quien seguía en contacto. Él tomó nota. Poco después, me comunicó que el CNI estaba interesado en grabar el encuentro con la belga. Así pues, fuimos al aeropuerto de Gerona con Antonio y allí vi a otros agentes disimulando con sus cámaras de última generación. Ingrid apareció al cabo de un rato con su marido y, tras reconocerme, me abrazó y me llamó «hermano». Yo la verdad es que no terminaba de fiarme y reaccioné con un poco de recelo y distancia. Antonio, a quien presenté como un amigo, nos invitó a comer a un buen restaurante. Paralelamente, me puse en contacto con los periodistas de *El Punt Diari* y *El Diari de Girona* porque pensé que podría interesarles la noticia.

Sin embargo, tras aquel primer encuentro con Ingrid, que fue cordial, los agentes del CNI no volvieron a contactar conmigo. Al día siguiente, llamé a Antonio para agradecerle la comida, pero no me cogió el teléfono. Volví a insistir varias veces y nunca pude hablar con él. Me supo mal porque creo que durante esos años nos habíamos hecho amigos. De pronto, los servicios secretos se habían esfumado y yo no sabía si fue por culpa de la belga o porque llamé a los periodistas, o quizá hubo alguna otra razón que les moviera a cortar toda comunicación conmigo. Sin embargo, a principios de otoño de 2018, cuando yo ya estaba preparando este libro, Antonio reapareció en el bar El Drac y preguntó por mí. Era por la mañana y él sabe que yo solo trabajo por la tarde y algunas noches, así que supongo que se trataba de un mensaje para decirme que está bien y que sigue pendiente de mí. También estoy seguro de que ya sabía que estaba escribiendo este libro.

Tras la llegada de Ingrid, convoqué a los periodistas de los dos periódicos en el restaurante Els Tarongers. Nos presentamos como los dos hijos ilegítimos del rey en una especie de rueda de prensa que tuvo un cierto impacto. A partir de entonces, algunos medios de alcance nacional empezaron a interesarse por nuestra historia. Ingrid regresó a Bélgica pero iba y venía con frecuencia. A través de mí, alquiló un piso en La Bisbal a los dueños del bar La Muntanya. Tras su marcha, también corrió la voz en las revistas y cadenas de televisión belgas.

Ingrid nació en Gante el 5 de agosto de 1966. Lleva el apellido de su madre, Liliane Sartiau, una mujer que tuvo un romance de una noche con el entonces príncipe y que guardó en secreto su embarazo. Fue una madre soltera sin problemas ni rencores. Sin embargo, cuando Ingrid se hizo mayor, su madre le reconoció un día que su padre era Juan Carlos, el rey de España. Ingrid quería hacerse la prueba de ADN con un profesor muy prestigioso de la Universidad de Lovaina. Me pidió todas mis pruebas de ADN, aunque en los documentos del CNI no constaba el nombre de Juan Carlos. Yo volví a hacerme las mismas pruebas de saliva y las mandé a Bélgica. Al poco tiempo, el médico confirmó que, entre Ingrid y yo, había un noventa y uno por ciento de coincidencia genética, si bien nos emplazaba a una segunda prueba. Ingrid me llamó, emocionada, para darme la noticia, y me preguntó si podía ir a Bélgica para visitar los laboratorios.

Cuando entré en el laboratorio, el propio médico se inclinó y me hizo una reverencia, ante la sorpresa de Ingrid y su marido. Pero yo le pedí al médico que se dejara de reverencias y que fuéramos al grano. Entonces una enfermera, que hablaba español, me dijo que necesitaban hacer otra prueba, porque aquel noventa y uno por ciento no confirmaba nada. Volvieron a sacarme saliva mientras el doctor seguía haciéndome reverencias como si fuera un miembro de la Casa Real, supongo que medio en broma. Pasé tres o cuatro días con el matrimonio en su casa, hasta que salieron los resultados. Y este segundo examen concluyó que no éramos hermanos: el noventa y uno por ciento inicial bajó a un ochenta y tantos con esa segunda prueba. La belga rompió a llorar. Ingrid y su marido pensaron que los resultados habían estado amañados, pero yo tampoco quería entrar en teorías conspirativas. Ingrid parecía a punto de entrar en una depresión, porque estaba convencida de que el rey era su padre y esos resultados lo negaban.

Tras el chasco de la segunda prueba, Ingrid dejó de venir a La Bisbal. Esto me trajo problemas porque había alquilado un piso a los dueños del bar La Muntanya y no pagó los últimos meses que tenía contratados. Yo estaba en medio y me vi inmerso en un conflicto con los dueños que me habían dado trabajo en el bar. Al final, hicimos un pacto con Ingrid: se realizó un inventario de lo que había en el piso, y los muebles y los objetos se quedarían como pago por la deuda acumulada por el alquiler. En realidad, solo se debía un mes, puesto que el matrimonio había puesto dos meses de depósito y los muebles y objetos superaban con creces lo que se debía. Sin embargo, los dueños no se quedaron satisfechos.

El marido de Ingrid había dejado una aspiradora industrial que quería promocionar en España, puesto que era director internacional de una empresa de aspiradoras. El dueño del bar La Muntanya empezó a presionarme para que le diera el aparato, y al final tuve que entregárselo, cuando yo solo quería guardarlo para cuando volvieran los belgas. A partir de entonces mi relación con los dueños de La Muntanya dejó de ser cordial. También se resintió mi relación con Ingrid, porque estaba harto de hacer de intermediario en ese conflicto. De todos modos, la belga siguió viniendo a La Bisbal durante unos años porque sus suegros viven en Murcia y cada año van a visitarles. Como viajaban en coche, pasaban por La Bisbal y se quedaban a comer. Yo tenía claro que, con el tema de la paternidad, cada uno tenía que ir por su cuenta, puesto que los resultados que nos vinculaban como hermanos no eran concluyentes.

Cuando salió el resultado de la primera prueba de ADN, en el que había una coincidencia del noventa y uno por ciento entre Ingrid y yo, se presentaron en el bar El Drac unos médicos forenses. Estaban fuera de servicio, pero me dijeron que no me hiciera ilusiones con la belga, que el noventa y uno por ciento no confirmaba nada entre hermanos de un mismo padre pero de madre distinta. Según ellos, en este tipo de casos es muy difícil establecer con seguridad la consanguinidad. Hay hermanos que cogen más genes del padre y otros de la madre, y al hacer una prueba de ADN podrían no dar como hermanos. La cosa es distinta si se trata de una prueba entre padre e hijo, como se hizo a través del CNI. Así pues, los casos de paternidad deben solucionarse de padres a hijos, al menos hasta que no se produzcan más avances científicos. De todos modos, mi intuición siempre me dijo que Ingrid tenía bastantes números de ser mi hermana. Al menos tenía un cierto aire que me resultaba familiar, sobre todo en comparación con otros supuestos hermanos que aparecieron luego.

Una vez, Ingrid me llamó para decirme que quería presentarme a una mujer, María José, que decía ser nieta de Gabriela de Saboya y Juan Carlos. Gabriela de Saboya había sido la novia oficial de Juan Carlos justo en los años en que yo nací, así que su hipótesis tenía bastante fundamento, aunque también había oído que estaba bastante demostrado que Juan Carlos nunca tuvo hijos con Gabriela. Quedamos en un restaurante en Banyoles. Yo no tenía muchas ganas de ir, pero Ingrid me insistió con la historia de que éramos hermanos, y al final me convenció. Informé del encuentro a la periodista Tura Soler del periódico local de Gerona, quien también se apuntó a la comida. Al final, aparecieron Ingrid, una mujer que decía ser hija de Gabriela de Saboya y la hija de esta última.

Lo cierto es que María José no me pareció tan guapa como su madre de joven, a quien había visto en alguna foto, ni tenía ningún parecido con el rey, aunque no soy buen fisionomista. Además, iba con guantes blancos y parecía de cristal. He recorrido bastante mundo y he estado con gente de todo tipo, pero nunca había visto a nadie comer de esa manera, con guantes y casi sin moverse. Era algo alucinante. Ni la madre ni la hija hablaban español, solo francés, lo cual para mí fue un alivio, porque me ahorré la paliza que le dieron a la pobre Ingrid. Al final, Tura Soler nos hizo una foto a los tres «hermanos» y salimos en el periódico de Gerona. Las supuestas Saboya se fueron a dormir a casa de Ingrid y al día siguiente se marcharon. Ingrid también regresó a Bélgica. Y yo me quedé tranquilo en La Bisbal.

Unos años después, apareció en el bar El Drac un francés llamado Richard de Morales, atraído por las noticias que había leído en los medios de comunicación. Me pareció una persona agradable y me contó que era descendiente de Alfonso XII. Quería mi ADN para hacerse una prueba y yo accedí porque el tipo me cayó francamente bien. En cambio, no quise dar mi ADN a las supuestas Saboya cuando me lo pidieron, porque estaba harto de ser un conejillo de indias y decidí que solo haría pruebas de consanguinidad con quien yo eligiera. De todos modos, como había quedado claro con Ingrid, tampoco servían de mucho entre hermanos... Pero Richard de Morales me dijo que era muy amigo de un genetista francés muy famoso, director del Instituto de Antropología Molecular de París, y que este especialista iba a realizar pruebas muy concluyentes.

Al principio, iban a mandarme el kit para hacer las pruebas de saliva, pero el director del Instituto se interesó por mi caso y quiso conocerme personalmente. Fui a París en un viaje relámpago con los gastos pagados y me cité con él a la mañana siguiente en una parada de metro de París. Apareció con dos personas más y fuimos a un bar que había enfrente. Era un hombre mayor y elegante.

Allí me hizo firmar dos documentos: según el primero, no haría públicos los resultados de esa prueba de ADN, y, según el segundo, no hablaría mal del rey. La razón de tanto secretismo era que el material obtenido pasaría a ser propiedad de la Universidad de la Sorbona, de un departamento especial donde investigan antepasados y linajes vinculados a las casas reales europeas. Así que se harían dos pruebas, una en relación a este estudio, esta primera confidencial, y otra en relación a Richard de Morales. Antes de desprecintar los cepillos, el director me hizo firmar esas dos cartas. Luego le di las muestras de saliva para que fueran analizadas en la Sorbona.

En teoría, mi entrevista con el genetista tenía que durar media hora, pero al final estuvimos seis horas juntos, hasta la cuatro de la tarde. Caminamos por París varias horas y la gente lo saludaba, era alguien conocido. No me dejó pagar nada. También, como muestra de agradecimiento por mi buena disposición, el director me envió los resultados concernientes al perfil de ADN de mi cromosoma Y. En cuanto al resultado de los ADN con Richard de Morales, no hubo similitud de parentesco, como era previsible. Al final, la relación con De Morales se fue apagando hasta que perdimos el contacto. Sobre el resultado de las otras pruebas, no puedo decir nada debido al contrato que firmé. Solo puedo comentar que el propio genetista me dijo que yo no necesitaba ninguna prueba de ADN, puesto que el ADN ya lo llevaba grabado en mi cara.

Hubo un colombiano que también contactó conmigo para pedirme una muestra de ADN. Yo ya estaba cansado de que me salieran hermanos por todas partes, y que además duraban cuatro días, pero acabé aceptando. Le dije que mandara un kit con sus muestras de saliva y que yo ya me encargaría de hacer las pruebas, puesto que sabía cómo hacerlas y ya no me venía de gastar otros ciento cincuenta euros. Me mandó una carta diciéndome que había sido militar, que habían querido envenenarlo y que había pasado un cáncer. También hablaba muy mal de la reina Sofía, pero su discurso era ilógico y disperso; no me pareció una persona que estuviera en sus cabales. Al final, llegó el paquete de Colombia con las supuestas muestras. Me fui con él a la tienda del farmacéutico Piera, quien conocía un laboratorio que haría los análisis. Abrimos el paquete y encontramos un ángel y una Virgen María. Nos miramos perplejos y examinamos el ángel. Como me había dicho que me enviaría una muestra de sangre abrimos el tapón, pero no había nada. Con la Virgen sucedió lo mismo. Incluso rascamos la superficie para ver si había untado de sangre el ángel o la Virgen, pero nada. La verdad es que no entiendo cómo los medios de comunicación colombianos le hicieron caso a ese tipo. Desde entonces no quise mantener el contacto con él, pero he visto que algún periodista español ha hecho algún montaje fotográfico con el colombiano, la belga y yo. Hace poco, una señora de Tarragona me pidió de nuevo mi ADN. Le respondí que lo sentía mucho pero que ya estaba cansado y que no daba mi ADN a nadie.

17

EL BAR EL DRAC

Cuando me puse a trabajar en el bar La Muntanya en 2008, pasaba por una mala situación económica. Me había gastado mucho dinero en abogados sin tener un trabajo fijo y, después de casi nueve años intentando esclarecer mis orígenes, no había conseguido resultados definitivos o tangibles. Así que me puse de acuerdo con los dueños del bar, y empecé a trabajar de camarero. Entraba a las seis y media de la tarde hasta la hora de cerrar, normalmente pasada la medianoche. A pesar de que no tenía experiencia, me adapté muy rápido porque me gusta estar de cara al público y tratar con la gente. La Muntanya era un bar de tapas y de platos combinados, pero cuando yo entré decidí extender el menú de mediodía a la noche, de modo que en poco tiempo atrajo a una nueva clientela. Se llenaba casi cada día y los dueños estaban satisfechos con mi trabajo.

Un día que estaba sirviendo me llamó Juan Ángel Córdova, de Aceros Corsa. Tras la jubilación de su padre, él y su hermana habían cogido las riendas de la empresa. Juan Ángel tenía planeado pasar un fin de semana en Barcelona y tenía muchas ganas de verme. Si quería ir a Barcelona, él me pagaba un taxi y una habitación en el hotel Princesa Sofía. Pedí permiso a Antoni y él me dio el fin de semana libre. Llegué a recepción y efectivamente tenía una habitación reservada. Me acomodé y quedamos con Juan Ángel en el bar del vestíbulo del hotel.

Juan Ángel me preguntó si quería volver a México, y me dijo que siempre tendría un lugar en Aceros Corsa. Yo se lo agradecí de todo corazón, pero no contemplaba regresar a México a corto plazo. Le expliqué todo el lío en el que me había metido con la búsqueda de mis padres y la llamada en que me habían avisado que no saliera de España por mi propia seguridad. A él le costó entenderlo, y la verdad es que no me extraña, puesto que aquella fue una de las decisiones más complicadas y difíciles de mi vida. Pero estaba resuelto a quedarme en España para continuar investigando mis orígenes. En aquel momento sentía que ya no había vuelta atrás. Juan Ángel admiraba el pragmatismo que había demostrado durante mi época de gerente en Aceros Corsa, de modo que le costaba entender cómo lo había dejado todo por aquella búsqueda.

Iba acompañado de su mujer y pasamos el fin de semana juntos. Me llevaron a los mejores restaurantes de la ciudad. Juan Ángel, viendo que me quedaba en España, me propuso montar un negocio aquí, en el sector inmobiliario. La burbuja inmobiliaria todavía no había estallado, aunque iba a hacerlo muy pronto. Y él estaba dispuesto a invertir una cantidad importante de dinero si yo le conseguía un buen terreno para construir. Le dije que lo miraría y nos despedimos. El lunes los Córdova tenían que estar en Madrid y yo debía trabajar en el bar de La Bisbal. Desde entonces, hemos mantenido el contacto de forma esporádica y siempre se ha mostrado muy cordial conmigo.

Estuve mirando terrenos cerca de La Bisbal, y encontré uno que reunía las características (unos doscientos metros cuadrados), pero era muy caro. Con el precio que pedían, teniendo en cuenta que allí solo podían construirse cuatro pisos, entre el terreno y la construcción de la venta no habríamos sacado ningún beneficio. Yo había oído rumores de que el sector del tocho iba de capa caída. Así que lo llamé y le dije: «Mira, Juan Ángel, no veo buenas perspectivas en el negocio de la inmobiliaria en España». En mi opinión, no tenía sentido buscar más, no quería arriesgar su dinero y menos el mío. Con el tiempo, me alegro de haber tenido aquella intuición. Supongo que Juan Ángel pensó que le había aconsejado bien, sobre todo cuando al cabo de unos meses estalló la crisis económica, llevándose por delate la burbuja del tocho en España. Al menos, en algunas cosas, seguía siendo pragmático.

Al cabo de un año trabajando en el bar La Muntanya, recibí una oferta del propietario del bar El Drac, Manel, y su mujer rumana, Joani. Ellos iban a menudo al bar a jugar al futbolín y, a veces, se quedaban en la barra observando cómo trabajaba, mientras tomaban una copa. Debió de gustarles porque me invitaron a cenar y me propusieron trabajar para ellos con las mismas condiciones. La verdad es que el bar La Muntanya, tras la sorpresa inicial del menú nocturno que atrajo a mucha clientela, había ido un poco a la baja. Muchas veces, a las diez de la noche ya no había trabajo y el dueño me mandaba a casa. Si el negocio seguía decayendo, era probable que al siguiente invierno tuvieran que prescindir de mí para que les salieran las cuentas. Así pues, veía más garantías de estabilidad en El Drac, de modo que decidí cambiar y entrar como barman en ese nuevo local. Los dueños del bar La Muntanya se molestaron un poco, pero al final limamos asperezas, al menos hasta que sobrevino el lío con el piso alquilado a la belga.

A Manel le puse dos condiciones para entrar a trabajar en El Drac: que no servía para cocinar y que iría a trabajar todos los días de la semana, siempre y cuando pudiera cogerme algunos días cuando necesitase concentrarme en el asunto al que había dedicado tanto tiempo y esfuerzo. Todavía hoy, prefiero trabajar todos los días y poder coger algún día libre si voy demasiado cansado o si tengo algún asunto importante entre manos. Manel aceptó y puso una condición: que no intentara ser más listo que él, puesto que no le gustaba que nadie fuera más inteligente que él, al menos en su bar. A mi modo de ver, las condiciones eran aceptables; siempre he pensado que en esta vida no hay que ser ni el más tonto ni el más listo.

Actualmente, llevo ya ocho años de camarero en El Drac y estoy contento con mi vida. Es un bar donde hay mucho compañerismo y no falta el trabajo, porque los clientes son fieles y se respira buen ambiente. Nos hacemos muchas bromas y es allí donde me he ganado la fama del ser «el monarca de La Bisbal». El «bocata monarca» ha sido un éxito y todo el mundo me conoce. Además, Manel no solo ha sido un muy buen jefe conmigo, sino que se ha convertido en un buen amigo. Tras ocho años trabajando mano a mano con él y Joani, ella ahora ha abierto otro local en La Bisbal, el 17100, porque han sabido hacer bien las cosas. A veces, también estoy en el 17100 para ayudar a Joani si lo necesita.

Además, Manel y Joani se han mostrado muy comprensivos con el asunto que arrastro desde que me conocen. Por el bar El Drac habrán pasado una treintena de cadenas de televisión, desde que hicimos la primera rueda de prensa con Ingrid. Se han presentado periodistas de medios internacionales de la relevancia del *New York Times*, el *Paris Match*, el *Times* o el *Sunday Times*. Una vez, el Canal Plus francés estuvo más de diez horas grabándome para luego sacarme tres minutos en el documental *El ocaso del rey*, un especial sobre la crisis de la familia real española que en España solo emitió la Radio Televisión Vasca. También vino la televisión portuguesa, la alemana, la italiana, Televisa de México, Caracol Televisión de Colombia, *Informativos Telecinco*, la Radio Televisión Vasca y TV3, en varias ocasiones. La mayoría de las veces, me entrevistaban en una mesa de El Drac. En algunos documentales combinaban las escenas en el bar con algunos exteriores, rodados en la masía de Sant Climent de Peralta.

Además, en el bar solían presentarse todo tipo de personajes raros y sospechosos. Algunos me pedían muestras de ADN, sobre todo tras la publicación de los resultados que nos había hecho el doctor de Bélgica, y yo insistía en que no quería hacer más pruebas con nadie. Un día vinieron tres tipos que afirmaban ser jueces y que no dudaban de que mi historia era verdadera. Pero no añadieron más detalles. Pagaron los cafés y se despidieron. Supongo que querían comprobar con sus propios ojos mi parecido con mi padre. En otra ocasión llegaron dos policías de paisano y me dijeron que en la Audiencia Provincial todo el mundo comentaba mi caso. Según ellos, allí todos se creían mi historia a pies juntillas. De nuevo, pagaron la cuenta y se fueron.

El flujo de personas curiosas que pasan por el bar El Drac no ha cesado con el tiempo. Cuando entra alguien bien vestido y lo primero que hace es echar una mirada panorámica para, posteriormente, fijar su mirada en mí, yo ya sé que esta persona ha venido a verme, aunque no me lo diga. Nada se me escapa: la forma de observarme, de sentarse en una mesa estratégica con alcance visual... Yo al principio tenía un poco de manía persecutoria, algo parecido a lo que me sucedió en Gerona con los helicópteros, pero ahora ya me da lo mismo. Veo que la persona se sienta, no pide alcohol, pide un café o un agua con gas, y no se queda mucho tiempo. No falla. Observa, consume, paga y sale. Eso sucede unas tres veces al año, diría que raramente me equivoco en mi apreciación; es algo que percibo de inmediato solo con la forma de entrar en el bar. Pero no quiero mortificarme: me pongo una máscara cuando noto que alguien viene a verme y me da igual si estoy vigilado o no, porque no tengo nada que esconder y no hago daño a nadie. Según me dijo el CNI, la Zarzuela recibe informes sobre mí de forma regular, así que lo lógico sería que me vigilaran. Pese a todo, el poder es un asunto muy enmarañado y no me interesa indagar si me vigilan, ni qué hacen o dejan de hacer. ¿Que soy una persona vigilada? Bueno, esto ya lo he intuido siempre, desde que era un niño.

18

TRIBUNAL SUPREMO

Ya desde el primer momento en que hablé con mi abogado anterior, me recomendó que interpusiera una demanda a Juan Carlos para resolver el tema de la paternidad. Todos los abogados coincidían en que era la única forma de resolver el asunto, es decir, para que un juez ordenara hacer la prueba de ADN siguiendo las vías oficiales que determina la ley. Pero yo tenía reparos en poner una demanda a Juan Carlos por mis principios morales, porque pensaba (y sigo pensando) que ha sido bueno conmigo y me ha protegido, aunque a su manera.

Sin embargo, al final tramité la demanda judicial con Ingrid en otoño de 2012. Fuimos a ver a un abogado de Banyoles, y él nos lo pintó como algo muy fácil. Nos dijo que seguro que saldría bien. La belga le dio mil quinientos euros para iniciar la demanda y le entregamos todos los documentos básicos: además de los míos, la carta notarial de la madre de Ingrid Sartiau, etcétera. Con todo ello, en octubre, el abogado interpuso la demanda en el Juzgado de Primera Instancia n.º 34. Fuimos a Madrid y el abogado se puso nervioso y empezó a decir tonterías, como que quería ir a la Zarzuela y hablar directamente con el rey, cosas que no habíamos pactado previamente. Al final, nos fuimos a comer, pero no se calmó.

Yo había convocado a los medios de comunicación para seguir con mi campaña de prensa, que había iniciado en Gerona, aunque al final solo se presentaron dos, el alemán *Bild* y otro. El que más impacto provocó fue *Bild*, el cual hizo que otros medios alemanes también difundieran la noticia. Pocos días después me llamó un periodista de *El Confidencial* y me contó que, mientras iba en el AVE Madrid-Barcelona, escuchó una conversación de dos señoras que estaban detrás de él. Una de ellas dijo que le había caído un marrón tremendo porque había recibido una demanda de un supuesto hijo del rey. La señora del AVE era la jueza encargada de mi caso, que luego fue desestimado, como se verá más adelante.

Al volver a La Bisbal, yo estaba un poco desanimado porque no lo veía claro con aquel abogado. Al cabo de unos días, el abogado nos convocó a Ingrid y a mí en Banyoles, y nos dijo que, al salir de su despacho, había visto tanques del ejército que lo seguían. La belga se lo creyó todo, pero yo no, y me convencí de que aquel hombre desbarraba. Al final, el juzgado de primera instancia no aceptó la demanda que habíamos interpuesto Ingrid y yo, alegando que el rey era inviolable. Entonces, yo decidí abandonar el caso e irme por mi cuenta. En cambio, Ingrid siguió con aquel abogado, que llevó el caso al Tribunal Supremo, el cual falló en contra de Ingrid, aduciendo que mentía, y lo archivó definitivamente.

Tardé un tiempo en reactivar el asunto, hasta que encontré otro abogado que me inspiró más confianza. Fue en 2013 cuando me llamó porque había seguido mi historia en la prensa y me propuso llevar mi demanda a la Audiencia Provincial. Yo le dije que no tenía dinero para pagarle y él me respondió que lo haría sin cobrar. En diciembre de 2013, este nuevo abogado presentó un recurso de apelación contra el auto de inadmisión de la demanda de filiación contra Juan Carlos de Borbón a la Audiencia Provincial. A principios de 2014, el abogado me dio una gran noticia: habían admitido la demanda e iban a citarnos para una vista previa.

Justo entre la presentación del recurso y esta llamada tuve una conversación muy curiosa. Era el 31 de diciembre de 2013 cuando sonó mi móvil. Se trataba del director de *El Mundo*, con quien nunca antes había hablado, a pesar de que en el periódico había aparecido alguna noticia mía. Me dijo lo siguiente: «Señor Solà, esté atento, porque el 2014 viene cargado de noticias importantes y usted formará parte de estos acontecimientos». Entonces me avisó de que el rey iba a abdicar en verano, cinco meses antes de que se anunciara. Y añadió: «Yo ahora estoy a punto de terminar una investigación periodística importante, pero, cuando la acabe, me concentraré en usted y su historia. Sepa usted que es el último eslabón de la Corona española». Me quedé de piedra. Supongo que se había enterado de la demanda que yo había interpuesto en el juzgado de primera instancia. Dos meses después, este importante director de periódico fue destituido y ya no supe nada más de él ni de su grupo editorial, el cual ya no publicó nada sobre mi caso.

La Audiencia Provincial nos citó el 9 de septiembre de 2014. Yo no sabía ni qué era una vista previa, pero estaba emocionado. Sin embargo, a principios de junio, se adelantó la vista con carácter urgente para el 22 de julio. Aquello fue una gran sorpresa porque lo habitual es que una vista previa se pospon-ga, no que se adelante. Al día siguiente, el 2 de junio, el presidente Rajoy compareció ante todos los medios de comunicación nacionales e internacionales para anunciar la abdicación de Juan Carlos de Borbón como rey de España. El monarca se dirigió a la nación unas horas más tarde. Yo ya sabía que el rey Juan Carlos iba a abdicar gracias a la llamada del director de *El Mundo* y lo había comentado en el bar El Drac, aunque los parroquianos no me tomaron en serio. Sin embargo, cuando vieron la noticia, muchos lo recordaron y mi credibilidad ante la clientela del bar fue premiada. A partir de ese día, Juan Carlos dejaba de ser una figura inviolable.

El 3 de junio, un día después de la abdicación de Juan Carlos, la Audiencia Provincial rechazó el recurso. Ante aquello, el abogado me dijo: «Cuidado, Albert, porque ahora no tenemos más opción que ir al Tribunal Supremo, y está muy politizado». Efectivamente, en el Supremo, según el Auto de Procedimiento de Juicio Verbal fallado el 28 de enero de 2015, mi recurso no fue admitido a trámite. Así pues, si en el caso de Ingrid se acabó dictando sentencia en su contra, el mío ni siquiera llegó a admitirse.

Naturalmente, yo no propicié la abdicación de Juan Carlos, pero sí pude contribuir a acelerarla.

Creo que la sucesión de adelantos y rechazos de la Audiencia Provincial fue algo calculado por parte de los poderes políticos y la Casa Real para adecuarlo a las circunstancias políticas del momento y evitar más escándalos. El caso Nóos que implicaba a Urdangarín y a la infanta Cristina y la cacería en Botsuana fueron los elementos clave para el consiguiente descrédito de la monarquía, al menos entre una parte importante de la ciudadanía. Luego, el precario estado de salud del rey y la situación política de Cataluña también debieron de pesar en la decisión del relevo en la monarquía. Sin embargo, el hecho de que yo interpusiera una demanda por paternidad justo a finales de 2013 quizá aceleró aquel proceso.

Mi demanda quedó, pues, inadmitida. El Supremo determinó que «el señor Alberto Solà oculta pruebas». Eso era obvio, pues el abogado aportó únicamente una parte de los documentos porque en ellos ya había indicios suficientes: en concreto, catorce de los noventa y ocho que me dio el juez en 2001. Además, en la demanda se especificaba que, si el demandado se negaba a someterse a una prueba de ADN, se podía solicitar la exhumación de los restos de mi abuelo, Juan de Borbón. El Supremo no lo aceptó ya que la demanda ni siquiera fue admitida.

La coincidencia del adelanto de la vista previa con

el anuncio de la abdicación y el rechazo del recurso llamó la atención de algunos medios de comunicación. Pero no fue nada, comparado con los otros escándalos de corrupción generalizada (y no solo en la Casa Real) que se sucedieron en aquellos años.

Regresé a La Bisbal y seguí con mi trabajo en el bar. Recuerdo el día antes de la coronación de Felipe. Para mí era un día normal. Sin embargo, hacia las diez y media de la mañana recibí la primera llamada de un periódico, en concreto de *El Confidencial*. Me preguntaron qué opinaba sobre la coronación de Felipe. Yo respondí que tenía todo mi apoyo: él es quien debe ser rey y no yo, porque él está preparado y yo nunca he tenido ese afán en el mundo. A partir de entonces y hasta las siete de la tarde, recibí al menos una llamada cada media hora. Manel, mi jefe, me dio vía libre para que las atendiera todas, consciente de que aquel día no iba a ser muy útil en el bar. Los medios que me perseguían eran tanto nacionales como internacionales, y siempre me hacían la misma pregunta: «¿Qué opina usted de la coronación de Felipe VI?». Yo a todos les dije lo mismo: que me parecía muy bien que fuera coronado rey y que no me importaba que él fuera menor que yo.

Dejaron de llamarme al cabo de un par de días. Sin embargo, seguía saliendo en los reportajes y en los telediarios como si fuera un recurso que sirve para rellenar noticias y cotilleos, una especie de mono de feria. En especial, aparecía cuando querían desprestigiar a Juan Carlos, lo cual me dolió porque esa no era mi intención. A raíz de los enredos que salieron con Corinna y las grabaciones del comisario Villarejo también me llamaron algunos medios. Pero ya no quise alimentar más aquel sensacionalismo y decidí no añadir más comentarios; simplemente, quería seguir trabajando como camarero en el bar El Drac.

Cuando empecé con la demanda tenía un dilema moral. ¿Debía demandar judicialmente a mi padre? Al final lo hice, creo que no tuve más remedio, pero quería justificarme y explicar mis razones. Así que escribí una carta a Juan Carlos para que supiera los motivos de mi decisión y para que me comprendiera. Le conté que, estando en México, habían intentado endilgarme una madre que no era, que allí había empezado a sentir una creciente animadversión por las instituciones que teóricamente deberían haber dado respuesta a mis demandas, empezando por la Casa Provincial de Maternidad de Barcelona y la Diputación. Posteriormente, esta desafección se generalizó hasta alcanzar a todas las instituciones que, de un modo u otro, tenían que ver conmigo y con mi padre. Ya en España, alguien me había llamado y amenazado con que no regresara a México. Aquello también me dolió profundamente y quería saber si fue él quien lo impidió, y por qué.

También le pregunté si me habían mantenido en España como un comodín para la Casa Real por si sucedía algún contratiempo (y que nunca tuvo que ser utilizado). En definitiva, quería saber qué estrategia habían seguido los mecanismos y resortes del poder en relación con mi existencia y cuál había sido la lógica oculta que había determinado el curso de mi vida, empezando por mi infancia. Finalmente, le confesé que, como persona y como familia que éramos, estaba decepcionado. La barrera de secretos y mentiras que se construyó desde el principio sobre mis orígenes, una barrera que se reveló infranqueable, hacía que me sintiera manipulado. ¿Acaso él también se había sentido así en algún momento de su vida? ¿Debía aceptar esta barrera y renunciar a conocer mi identidad? Terminaba la carta anunciándole que, puesto que no esperaba una respuesta por su parte, iba a cursar una demanda judicial. No le dije, en cambio, que me estaba planteando escribir este libro.

ÍNDICE